8°K
385

VIE
DE
SAINT CHARLES BORROMÉE

2ᵉ SÉRIE IN-12.

Propriété des Éditeurs,

Eugène Ardant et Cie

VIE

DE

S. CHARLES BORROMÉE

ARCHEVÊQUE DE MILAN

PAR

L'ABBÉ PAUL D'ANTONY.

LIMOGES
EUGÈNE ARDANT ET Cⁱᵉ, ÉDITEURS.

VIE

DE

SAINT CHARLES BORROMÉE.

I. — Naissance. — Famille. — Vocation. — Fortune. — Premières études et premières épreuves de saint Charles.

Quel nom, quel grand nom devant Dieu et les hommes que celui de saint Charles Borromée ! Depuis trois siècles, que de volumes ont retracé son histoire, que de fois les chaires chrétiennes l'ont prêchée ! Et cependant nous espérons la populariser encore; oui, cette esquisse, quelque faiblement qu'elle soit présentée, trouvera, nous en sommes sûr, des lecteurs nombreux, car ici la forme n'est rien; nous croyons avec un des premiers biographes de Charles, que « ses actions sont si belles par elles-mêmes, qu'il n'est pas besoin d'y ajouter d'ornements étrangers, ni de les faire valoir par d'éloquentes paroles. »

En 1538 naquit celui qui devait montrer surtout aux disciples de Luther et de Calvin en quoi consistait la *réforme*, ce qui constituait le véritable *réformateur*. Oui, il y avait alors dans l'Eglise des abus à réprimer, des désordres à arrêter. Mais où était le remède au mal, sinon dans la prédication incessante de la vertu, par des prédicateurs pratiquant eux-mêmes cette vertu dans ce qu'elle a de plus pénible et de plus héroïque? Et, prenant en pitié les pécheurs en considération des justes, le Seigneur donnait au monde Charles Borromée. Tandis que les hérésiarques criaient au scandale, à l'abomination, en offrant le spectacle public de leur vie abjecte, Charles, pour mettre fin à ces scandales, à cette abomination, gémissait nuit et jour dans la prière et la pénitence toutes puissantes contre la propagation du mal, et présentait dans toutes ses paroles et ses œuvres le commentaire pratique de l'Evangile. Tel est le contraste qui va se déployer sous nous yeux, et que nous prions le lecteur de ne jamais perdre de vue.

Paul III occupait la chaire apostolique, et Charles V le trône impérial d'Allemagne, lorsque vint au monde notre illustre saint, dans le château d'Arone, l'une des propriétés des Borromée, non loin du lac Majeur, dans le Milanais. Peu après sa mort, on fit de la chambre où il était né, appelée des Trois-Lacs, parce que de là on voyait le lac sur trois points, une infirmerie pour les malades de la forteresse. Dieu sans doute inspirait aux propriétaires de cette habitation devenue si glorieuse, la pensée de mieux assurer ainsi le souvenir de l'incomparable charité de celui qui y avait reçu le jour.

Le comte Gilbert Borromée, père de Charles, et Marguerite de Médicis, sa mère appartenaient par la fortune, le rang social, les illustrations et l'influence de toute nature, aux plus considérables familles de l'Italie entière. Mais ce qui fut plus utile à notre saint, ce qui lui valut plus que l'or et les considérations humaines, — il semble que sa piété, ses vertus si précoces le disent, — ce fut le bon exemple que, dès ses plus tendres années, il trouva sous le toit paternel; ce furent les vertus, les prières par lesquelles ses parents disposèrent sa belle âme à correspondre aux grâces éminentes que le Seigneur lui réservait.

Le Bréviaire mentionne cette circonstance importante de la naissance de Charles : « Une clarté divine, révélant sa sainteté future, resplendit en pleine nuit dans la chambre au moment des couches de son heureuse mère. » Cinq ou six personnes témoins de cette chose étonnante en déposèrent dans le procès de canonisation de Charles. N'en révoquons point en doute la possibilité, par ce motif bien simple que des signes surnaturels ont ainsi accompagné la naissance d'Ambroise, de Dominique, de Camille de Lellis, et d'un grand nombre d'autres saints, et que l'Evangile et l'histoire des élus célestes nous autorisent à croire que Dieu peut agir de la sorte, quand sa bonté veut préparer le monde aux merveilles qu'il opérera par l'intermédiaire de ses serviteurs plus fidèles. Du reste, la vie entière de Charles n'est-elle pas une correspondance continue à cette faveur, et dès lors comme l'accomplissement parfait d'une mystérieuse prophétie? Lumière donnée à la catholicité, qui plus que ce saint pontife éclaira d'intelligences et réchauffa de cœurs?

Les plus minutieux détails nous ont été transmis sur sa petite enfance, et oserons-nous dire que l'Eglise agit avec une divine sagesse en veillant à ce que de tels enseignements ne se perdent point? D'une éducation bonne ou mauvaise donnée et reçue, ne découle-t-il pas, pour les chefs de famille et leurs enfants qui en recueillent les circonstances, des leçons sérieuses et profitables?

Charles était l'objet des soins assidus et de l'affection très vive de ses parents; mais ce père, cette mère avaient une piété exemplaire, c'est-à-dire que la foi, la charité, la prudence et les autres vertus chrétiennes les inspiraient, les soutenaient dans l'art si difficile de la formation d'une jeune âme. Aussi bien, dès son plus bas âge, Charles fuyait le mal, écoutait attentivement les conseils, dédaignait le jeu et la frivolité, aimait la prière, en un mot il était très pieux. Comme beaucoup d'enfants prédestinés, il mettait sa joie à construire de petits autels, à reproduire les cérémonies saintes, à couronner de fleurs les statues de Marie, à presser son entourage habituel de l'aider dans ces hommages dus au Seigneur. N'oublions point parmi ces précoces vertus celle qui le caractérisera bientôt d'une manière éminente : l'amour des pauvres ; il se manifestait déjà chez lui par la plus tendre compassion pour leurs larmes et leurs moindres souffrances.

Confié à des maîtres chrétiens dont sa docilité et ses succès faisaient la plus encourageante récompense, Charles parut vers sa douzième année assez sérieux et réfléchi pour que son père le laissât « s'enrôler dans la milice sacrée. » (Brév. Rom.) Bien qu'un tel engagement ne fût point irrévocable, il témoigne d'un double fait digne d'attention. D'un côté, des parents doués de tous les avantages que la terre envie, n'hésitant pas à donner exclusivement à Dieu le fils bien-aimé qu'ils croient leur être demandé ; de l'autre, un enfant ayant à souhait les distractions, les joies et les espérances de la vie du siècle, y renonçant pour faire l'apprentissage non-seulement des devoirs austères du chrétien, mais encore de ceux qu'exige le ministère des autels. Heureux les peuples où se voient fréquemment de tels spectacles ! Reflétant la grandeur divine et la poésie humaine, les saints sont la lumière du monde. Sans eux, sans leur exemple, l'humanité perdant l'idéal du vrai, du beau et du bon, descendrait à son insu dans un abject matérialisme ; elle n'offrirait qu'une fourmilière de basses créatures.

Que la vue des saints tienne donc notre esprit et notre cœur au-dessus des spéculations et des convoitises terrestres, et nous dise sans cesse : Il est une fortune et une gloire sans alliage et permanentes auprès desquelles la possession du monde entier ne doit être appelée que mensonge et vanité.

Revêtu de l'habit ecclésiastique qu'il honorait par sa tenue parfaite, son amour de la prière et sa piété sensible, le jeune enfant poursuivait le cours de ses études avec d'autant plus d'ardeur qu'il sentait déjà le besoin d'opposer la science au mal que produisaient autour de lui l'ignorance et la diffusion des blasphèmes hérétiques.

Son désir de glorifier Dieu par des œuvres de miséricorde spirituelle et corporelle, reçut en ces mêmes jours un encouragement céleste bien significatif; ce fut la jouissance de la très riche abbaye bénédictine de Saint-Gratinien, dans le territoire d'Arone, que lui résigna un de ses oncles, Jules-César Borromée. Mais avant de dire comment il disposa de cette donation, nous devons une explication aux jeunes lecteurs.

Malgré les réclamations incessantes de l'Eglise, un monstrueux abus se maintenait çà et là dans l'acquisition et la transmission des monastères. Au lieu d'être la propriété des religieux mêmes qui les habitaient, ainsi qu'il avait été réglé par les fondateurs d'ordres sans exception, la plupart de ces demeures, par suite de l'invasion des Barbares, puis des guerres seigneuriales, enfin de l'ambition ou de l'impiété des têtes couronnées, avaient passé en propriété ou en usufruit à des personnes trop souvent étrangères aux premières exigences de la vie monastique. Heureuses s'estimaient ces maisons de prières lorsque, exploitées par des avares sans pitié, elles ne rançonnaient pas une injustice, ou ne salariaient pas un crime !

Du reste, pour apprécier ces désordres et ces douleurs, lisez les pages savantes et émues du comte de Montalembert dans son premier volume des *Moines d'Occident*, et vous verrez si le protestantisme et l'incrédulité ont quelque droit de reprocher à l'Eglise, notre sainte et glorieuse mère, ce trafic simoniaque des personnes et des choses de Dieu, ces déplorables *commendes* qu'elle réprouvait énergiquement, qu'elle frappa de ses anathèmes au concile de Trente.

Cela dit pour expliquer comment un adolescent, un écolier, se trouvait maître absolu d'une riche abbaye, voyons quel usage il en fit. Se pénétrant d'abord de la pensée qu'avant tout ces biens doivent être employés selon les prescriptions de l'Eglise, c'est-à-dire à des œuvres pies et au soulagement des pauvres, il ne les accepta qu'en convenant avec son père qu'ils recevraient cette seule destination ; que ce patrimoine de Jésus-Christ ne serait en rien diminué, pour l'accroissement de sa fortune personnelle. Et le pouvoir ainsi obtenu d'en disposer à son gré, le pieux enfant, sans se réserver une obole, consacra exclusivement ses revenus aux saintes choses qui avaient déterminé son acceptation. Dieu ne laisse jamais même ici-bas une bonne action sans une récompense quelconque ; qu'il nous suffise donc de mentionner ce premier acte de renoncement et de charité, puisque nous allons voir de plus en plus ces vertus s'élever chez lui jusqu'à l'héroïsme. En 1554, Charles suivait à l'université de Pavie les cours de droit civil et de droit canonique. Disons à sa gloire que les progrès dans l'étude ne répondaient pas à son travail opiniâtre ; il s'énonçait assez difficilement, sa pénétration était lente, sa mémoire un peu ingrate ; mais le rôle qu'il ne tardera pas à remplir dans l'Eglise, rien que par sa science, est une preuve de la vérité de l'axiome bien connu des écoles : *Le travail soutenu vient à bout de tout.* Le docteur Angélique, l'illustre Thomas d'Aquin, avait aussi été un élève médiocre en apparence, mais ce *bœuf muet* remplit bientôt le monde de ses mugissements.

Non-seulement le pieux étudiant ne se découragea point malgré les mauvais conseils qu'en pareil cas la jeunesse reçoit de la haute position de famille ou de fortune, mais encore comprenant mieux le besoin de recourir au Dieu des sciences et de toute sagesse, il se mit à prier avec plus d'instances ce divin maître de l'instruire lui-même. Pavie admirait cet élève qui, fuyant la dissipation et l'oisiveté, ne quittait ses lèvres que pour aller au pied des autels ou de son crucifix, mûrir dans l'oraison les connaissances plus nécessaires à un vrai disciple du Sauveur. Et malgré l'austérité d'une conduite qui contrastait singulièrement avec celle de beaucoup d'autres étudiants, telles étaient son affabilité, sa modestie, sa douceur, qu'il exerçait une espèce d'apostolat même sur les plus légers d'entre eux.

Un grave et triste événement allait donner aux qualités et aux sentiments de Charles un caractère encore plus chrétien, appeler dans cette tête et ce cœur d'adolescent la prudence de l'âge mûr. Agé seulement de quarante-sept ans, son père lui fut enlevé par une mort soudaine. Cette perte immense pour la veuve et les six enfants du pieux comte Gilbert Borromée, qui aurait pu avoir de funestes conséquences pour tout autre que pour Charles, va au contraire, par le changement complet de son rôle dans la famille et de son mode d'existence, nous faire toucher au doigt les desseins de la Providence à son égard.

Appelé en effet par la confiance de tous les siens à remplacer son père dans l'administration de leur fortune, et cela bien qu'il eût un frère aîné, il fut obligé d'interrompre ses études et de revenir à Milan. Or, la sagesse et l'activité qu'il mit dans cette importante question, frappèrent tout le monde. C'était, répétons-nous, la Providence qui, en l'investissant de cette tutelle et lui aidant à la mener à une bonne et prompte fin, voulait ainsi le préparer à un gouvernement autrement difficile, le gouvernement direct des âmes, et lui concilier d'avance la vénération et la reconnaissance de tous pour le jour où il lui confierait cette mission surhumaine.

II. — Election de Pie IV. — Promotion de saint Charles aux dignités de l'Eglise. — Son humilité. — Nuits. — Vaticanes. — Inquiétudes de conscience d'un saint.

Quelque compliquées que fussent ses affaires de famille, Charles n'oubliait point ses chères études. Revenu à Pavie, il y reste jusqu'à son élévation au doctorat, puis il rentre à Arone. Là il projetait, entre autres choses, la fondation d'un beau collége à Pavie, lorsque la promotion du cardinal de Médicis, frère de sa mère, à la papauté, interrompt ses plans et modifie plusieurs de ses résolutions.

Rien autant que cette proclamation de Pie IV (26 décembre 1559), ne met en relief l'austère humilité de notre saint. Les parents, en effet, du nouveau pontife, furent joyeux et fiers des félicitations dont leurs concitoyens les comblèrent à l'envi. A cette occasion, la ville entière, dont il était un des patriciens plus estimés, manifesta son contentement par des réjouissances publiques.

Seul, le jeune docteur de Pavie parut insensible à cette allégresse, à ce bonheur. Aimant son oncle, mais aimant encore plus l'Eglise, il craignit la responsabilité de la charge suprême imposée à un membre de sa famille, comme si lui-même l'avait acceptée. Et pendant que tous autour de lui vont complimenter Pie IV, il reste à Milan, multipliant ses prières, ses communions et ses charités, afin que Jésus bénisse plus abondamment son Vicaire. Ce fait nous dit dans quels sentiments chrétiens il se verra lui-même aux plus hautes dignités ; la première des distinctions de la terre accordée à un parent qu'il aime, et dont il est aimé, n'éveille en lui que la tristesse et la crainte ; que sera-ce donc quand il lui faudra prendre sur ses épaules une grosse part de ce brillant mais lourd fardeau ? Cependant le Saint-Père, qui connaît son haut mérite, le mande auprès de lui. En quelques jours il le nomme référendaire, cardinal, enfin archevêque de Milan. Cette grande cité, remarquent les historiens, était alors le théâtre des plus lamentables désordres. Donc, comment douter que Pie IV, qui a laissé un nom loué et béni, ne suivît pas une inspiration divine en plaçant à la tête d'une église aussi importante un clerc de vingt-deux ans et demi ! Si ce choix dénote une grande sagesse gouvernementale de la part de l'oncle, il honore, n'est-il pas vrai, singulièrement le neveu qui en est l'objet ?

Quelques mois s'écoulent et les succès de Charles dans toutes les fonctions qu'il est contraint d'accepter, achèvent de lui gagner la confiance absolue du pape et de ses conseillers. Il faut donc encore qu'il se charge de l'administration temporelle des légations de Bologne, de la Romagne et de la Marche-d'Ancône, qui faisaient alors partie des Etats de l'Eglise, et enfin du protectorat de plusieurs ordres religieux. Charles, disons-nous, est *contraint* d'accepter. *Dieu se plaît à abaisser les superbes et à exalter les humbles.* L'humilité profonde de Charles, voilà la cause unique des dignités auxquelles son obéissance absolue à la volonté du ciel le faisait élever.

Et la preuve évidente qu'aucun mobile terrestre, que nulle ambition humaine n'inspiraient ses déterminations, c'est sa résistance inflexible à recevoir un salaire en échange de ce surcroît de travail et d'honneurs. Vainement fut-il pressé d'en retirer au moins l'argent nécessaire au maintien de son nouveau rang social. Plus on fit d'efforts pour qu'il adoptât la vie fastueuse d'un prince, plus il s'obstina à vivre affranchi de tout stérile éclat.

Il s'exprimait ainsi sur ce désintéressement, qui même dans sa famille était traité d'originalité et de folie : « Dieu m'a fait entrer dans la voie de son service exclusif, non à travers les tribulations et les adversités, mais par les grandeurs, les prospérités et les applaudissements, afin que me convainquant de leur vanité, je les foule aux pieds avec plus de mépris, et ne m'applique qu'à la recherche des biens ineffables de la céleste patrie. » Hélas! si les économistes et les politiques prenaient de telles maximes pour base de leurs doctrines, quelle ère nouvelle pour nos sociétés !

Dans cette période de sa vie, notre saint donne, surtout aux jeunes hommes, un enseignement que nous nous reprocherions de ne pas indiquer. De nos jours où la modestie semble un ridicule des vieux temps, un défaut de cœur, où sortant de l'école, l'adolescent se croit avili en tenant compte de l'expérience de son père et à plus forte raison de son aïeul, n'est-ce pas un devoir de rappeler comment agissait, au début de son gouvernement, un jeune homme regardé encore comme un des meilleurs administrateurs qui aient paru dans le monde et dans l'Église?

Oui, ce jeune docteur de Pavie, dont la présomption devait ce semble être surexcitée par les hautes et multiples faveurs dont il était l'objet, ce conseiller intime, ce ministre secrétaire d'état d'un grand Pape, se fit un devoir, un besoin de ne rien décider sans l'avis et la collaboration franche et chrétienne d'un certain nombre de personnes « d'un âge mûr, d'une sagesse éprouvée, d'un mérite éminent et notoire. » C'est à cette école, avec ce comité, qu'il voulut exclusivement acquérir la science des âmes; jamais il n'entreprit rien sans son approbation.

A ce rare talent d'interroger et d'écouter, qui glorifie Charles Borromée, humilité, défiance de soi-même, qui, quoi qu'en dise le monde, dénotent l'élévation de l'intelligence et du cœur, joignez son recours continuel à Dieu par la prière, par la réception des sacrements, son éloignement des habitudes et des fêtes dans lesquelles il semblait naturellement devoir être engagé, son incomparable attachement à l'Eglise, et vous ne vous ne vous étonnerez pas que dans ce tout jeune homme brillât la sagesse du vieillard.

Ferons-nous remarquer au lecteur qui ne se rendrait pas compte d'un éloge de vertus qui semble la conséquence ordinaire du simple état sacerdotal, que Charles, à cette époque, n'était pas engagé dans les ordres sacrés. Il y a en effet dans l'épiscopat deux choses distinctes : la juridiction et l'ordre. Le souverain Pontife pourrait placer à la tête d'un diocèse même un simple laïque pour l'administrer. Mais ce pouvoir ne serait pas du tout celui de monter à l'autel, d'ordonner les clercs, de confirmer, etc., que seule donne la consécration épiscopale précédée elle-même de l'onction sacerdotale.

Et notre remarque sur les vertus de Charles vers cette vingt-troisième année de sa vie est tellement vraie, qu'il fut alors pressé de se marier; on ne voulait pas que le nom des Borromée s'éteignît par suite de la mort soudaine de son unique frère qui ne laissait pas d'enfants. Ainsi voit-on tout de suite pourquoi il a été loué, lorsque jeune, riche, noble, neveu d'un pape régnant, il pouvait, en se bornant aux vertus d'un simple fidèle, mener dans le siècle une de ces existences proclamées heureuses et qui excitent si généralement une admiration pleine d'envie.

Le jeune cardinal attirait alors sur lui l'attention pour une fondation éminemment utile, celle des *Nuits Vaticanes*. Malgré une santé assez délicate, il dérobait à son sommeil de longues heures pour réunir la nuit, au Vatican, plusieurs fois la semaine, des laïques ou des religieux, et traiter avec eux des questions de philosophie, de théologie, d'histoire. Les fruits de ces *conférences* avidement suivies et recherchées sous sa direction, tardèrent si peu à être appréciés, que beaucoup d'évêques cherchèrent à en établir d'analogues dans leurs diocèses, et que de ces hautes écoles sortirent plusieurs savants remarquables, quelques princes de l'Eglise, entre autres Grégoire XIII. Là il commença la plus sérieuse étude des hommes et des choses; il y conçut la pensée de ses *instructions*, de ses *catéchismes*, que conservent encore les bibliothèques pieuses, et qui sont le guide des éducateurs de l'enfance; là il prononça, — sauf quelques corrections qu'il y fit plus tard, — ses *sermons sur les huit béatitudes et sur les principales vertus chrétiennes* qui lui assignent une place, principalement celui sur *l'amour de Dieu*, parmi les auteurs ascétiques ou les apologistes de notre foi.

Nous avons parlé de la mort qui venait de frapper son frère. Loin d'appeler ses regards vers le monde, cet événement les en détacha pour jamais. « Vanité des vanités, se répéta-t-il, en voyant en quelques heures descendre au tombeau cet aîné à qui ne manquait rien de ce que l'homme terrestre peut désirer. » Sans plus tarder, il répondit aux parents qui le pressaient de rester dans le siècle : « Ne vous plaignez pas de moi, j'ai pris une épouse que j'aimais et que je souhaitais depuis longtemps. » Et se préparant au sacerdoce, il y fut promu sous le titre de cardinal-prêtre de Sainte-Praxède.

Pourquoi ajouterions-nous que, pénétré de la perfection nouvelle qu'exigeait de lui l'onction sacramentelle, il mit immédiatement tout en œuvre pour offrir en sa personne le modèle du prêtre et du pontife de Jésus-Christ. Se plaçant sous la direction intelligente et sévère d'un jésuite distingué, le P. Ribéra, disciplinant son âme par l'étude réfléchie des *exercices spirituels de saint Ignace*, ce manuel incomparable de la piété, il devint vite pour tous un sujet d'étonnement et de vénération.

Quoique demeurant toujours à Rome auprès de son oncle, dont il était le principal auxiliaire, Charles éprouvait cependant de vives inquiétudes de conscience par rapport à son siége de Milan. Sans doute le pape pouvait le dispenser de résider dans cette métropole, d'autant plus qu'il lui avait donné pour coadjuteur un évêque suffragant, et pour vicaire-général Oromanète, prêtre d'un rare talent administratif, conseiller du cardinal Polus dans sa légation d'Angleterre ; toutefois, il ne parvenait pas à le tranquilliser sur ce point. Sachant la rigueur des prescriptions canoniques à l'égard de la résidence épiscopale, Charles craignait que son oncle et lui ne péchassent par suite de leur affection mutuelle, c'est-à-dire que cette dispense ne fût un peu motivée par des considérations humaines. Et voici que Dieu lui-même se chargea de dissiper les doutes de ce noble cœur ; il n'est pas pour les grands de la terre, pour les pasteurs des âmes, de leçons plus instructives.

L'archevêque de Brague, l'illustre Barthélemy-des-Martyrs, était venu à Rome conférer avec Pie IV. Si Charles fut heureux de consulter sur les grands intérêts de l'Eglise ce prélat, une des lumières du concile de Trente, il ne le fut pas moins d'obtenir ses décisions sur ses devoirs personnels.

« Il y a longtemps, lui dit-il, que je prie le Seigneur avec toute la ferveur dont je suis capable, de m'éclairer sur l'état dans lequel je vis. Vous voyez ma situation, vous savez ce que peut être le neveu d'un pape, et le neveu tendrement aimé. D'autre part, vous n'ignorez point ce que c'est que de vivre à la cour. Les dangers qui m'environnent sont nombreux, mais ils ne me sont pas tous inconnus encore. Que dois-je faire à l'âge où je suis, sans expérience, sans autre secours que l'assistance de Dieu. Je me sens un grand amour de la pénitence ; je suis déterminé à rompre mes chaînes et à me retirer dans un monastère, afin d'y vivre comme s'il n'y avait que Dieu et moi dans le monde. » (Godescard, édit. Lille.)

Frappé de la candide piété de son jeune frère dans l'épiscopat, Barthélemy, tout rigide observateur qu'il était de la discipline ecclésiastique, lui répondit immédiatement : « Vous ne devez point quitter la place où la Providence vous a appelé; vos occupations se rapportant au service de l'Eglise entière, sont dans l'ordre : votre vieil oncle a besoin de votre secours, que votre conscience se rassure; restez ici, disposé à vous rendre à Milan pour gouverner en personne votre diocèse dès que les circonstances vous le permettront. »

Cette réponse si glorieuse pour Charles le remplit d'une satisfaction indicible. Se jetant dans les bras de l'éminent pontife, il ne put que proférer ces mots : « C'est Dieu qui vous a appelé ici pour mon bonheur ; connaissant maintenant sa volonté, je l'accomplirai en me recommandant à vos prières. »

Donnez-moi un cœur qui aime, disait le grand docteur d'Hypone, et *il sentira ce que je dis.* Donnez-nous à tous, ô mon Dieu, une humilité qui comprenne ce que cette entrevue a d'édifiant et de sublime, et notre cœur n'hésitera jamais dans la voie qui mène à vous!

III. — Le concile de Trente. — Rôle de saint Charles dans la promulgation et la mise à exécution des décrets conciliaires.

Une des principales gloires de Charles Borromée est d'avoir autant que personne contribué à la conclusion du saint concile de Trente.

Convoqué en vain par Clément VII, commencé sous Paul III, continué sous Jules III et Paul IV, ce synode œcuménique avait été sans cesse interrompu, gêné dans ses séances par les intrigues d'abord des hérésiarques et des princes leurs soutiens, et puis par les méfiances inspirées même aux puissances catholiques. Assurément ce qui s'est passé de nos jours par rapport au concile du Vatican, n'est pas comparable à ces machinations ténébreuses, à ces hostilités directes des opposants du xvi° siècle. Néanmoins, pour peu qu'on ait suivi la trame des complots ourdis par l'impie de tout nom pour étouffer la voix de Pie IX et des sept cents évêques groupés autour de lui, on a dû sans peine se convaincre de la puissance *des portes de l'enfer* contre cette *colonne de la vérité* qu'elles attaqueront sans relâche, mais ne renverseront jamais.

Pie IV venait de reprendre les négociations pour le rétablissement du concile à Trente. Ouvertes le jour de l'Épiphanie 1563, ces sessions finirent la même année le 4 décembre. Restait la confirmation par le pape des décrets formulés par les Pères.

Et c'est ici que se place le rôle intelligent, actif et énergique de notre pieux cardinal.

Spécialement chargé par le Saint-Siége de pourvoir aux difficultés qui surviendraient, il se multiplia pour ainsi dire, afin que les évêques et les princes restés vraiment catholiques hâtassent la clôture du concile pendant que son vieil oncle vivait, et que tous comprissent la nécessité d'achever et de publier des décrets que la chrétienté attendait; car ils devaient frapper les méchants de plus en plus audacieux, et rassurer les bons de plus en plus scandalisés et inquiets.

Fidèle aux ordres qu'il a reçus, il correspond avec les légats, transmet leurs rapports au consistoire des cardinaux, dont lui et le cardinal d'Alexandrie (qui sera bientôt Pie V) sont les oracles écoutés; il résume tous ces documents pour l'instruction des Pères. Pendant cette année entière employée par le concile à l'achèvement de ces importants travaux, nulle existence ne fut plus occupée, plus absorbée que celle de Charles. Les courriers de Trente arrivaient-ils de nuit, il avait donné ordre de le réveiller, n'importe l'heure du rapide sommeil que la nature vaincue l'obligeait de prendre; il se levait sans remettre au lendemain la réponse qu'il pouvait donner immédiatement. Le jour, pas même pendant ses courts et sobres repas, il ne perdait de vue le mandat qui lui était confié. Aussi, est-ce grâce à lui que, le 26 janvier 1564, un consistoire spécial, dont il faisait partie, put voir l'autorité suprême de son oncle confirmer les décrets nombreux formulés au concile.

Le zèle de Charles à terminer cette œuvre à jamais mémorable n'aura d'égal que son impatience à en mettre en pratique les conclusions. Plus que tout autre gémissant des abus introduits et enracinés dans la chrétienté; de la perversité des hérétiques, du déplorable relâchement de mœurs offert par les maisons qui devaient être les plus vertueuses, ce véritable *réformateur* n'omit rien pour suivre lui-même, et pour interpréter aux autres le plus fidèlement possible les prescriptions que l'Esprit saint avait dictées à sa divine épouse. Cette page de son principal historien donne une idée de son intelgente et apostolique ferveur.

« Il partagea toutes les matières décidées par le concile en trois ordres, et après avoir réduit sous chacun les choses qui lui convenaient, il mit cette compilation sur trois tablettes séparées, dans un prie-Dieu qu'il fit expressément accommoder et les distingua chacun par un nom particulier. Il appela la première le *sancta sanctorum* (le Saint des Saints), sur laquelle il plaça les décrets sur la foi et les sacrements; il mit sur la seconde, qu'il nomma *sancta* (choses saintes), tout ce qui avait trait à la réforme et à la discipline ecclésiastique ; et sur la troisième, il mit tous les règlements relatifs aux laïques. Par ce moyen, il acquit une parfaite connaissance des détails de chaque décision avant de les publier et recommander publiquement. » (Giussano.)

Le concile avait prescrit d'une manière particulière l'établissement de séminaires et d'écoles, comme un remède au mal produit par l'ignorance ou par l'instruction demi-païenne, pire que l'ignorance, que la jeunesse trouvait presque uniquement dans plusieurs diocèses. Et Charles consacre immédiatement son temps, son influence, une partie de sa fortune à fonder dans Rome même, sous les yeux et avec les bénédictions de son oncle, un collége qu'il confie aux Pères de la société de Jésus. Ayant vu de près ces fils de saint Ignace, il savait quel secours ils prêteraient à l'Eglise contre le protestantisme surtout qui les détestait et les calomniait en raison des coups mortels que, plus que tout autre corps religieux, ils lui portaient sans relâche. C'était donc un acte de haute politique chrétienne et sociale, que d'appeler de tels hommes à former à la science et à la piété les ministres du sanctuaire. En les plaçant au centre même de la catholicité, sous les yeux du Vicaire de Jésus-Christ, c'était dire à tous les pasteurs, à tous les pères de famille catholiques dans quel esprit, sous quelle discipline ils devaient élever des chaires pour se procurer des successeurs ou une génération digne de Dieu.

Dans le même but de conserver intact le dépôt des vérités évangéliques, le jeune cardinal de Sainte-Praxède nous apparaît prenant une part très active à la confection d'une formule de foi nette et précise, et aux canons qui ordonnent qu'elle soit publiquement et solennellement récitée par quiconque sera appelé dans l'Eglise à une charge d'âmes. Au moyen de ce *Credo*, les hérétiques ne pouvaient plus se glisser dans le sanctuaire ; les loups perfides et cruels ne pouvaient plus, sous la peau des brebis, envahir le troupeau sacré.

« Je reconnais, devait dire à voix haute et distincte le prêtre, comme il le dit de nos jours, que l'Eglise romaine, sainte, catholique et apostolique, est mère et maîtresse de toutes les Eglises ; je promets et je jure une pleine obéissance au pontife romain, successeur de saint Pierre, prince des apôtres et Vicaire de Jésus-Christ. Je crois indubitablement, et je confesse tout ce que nous ont transmis, défini et décrété les saints canons et les conciles œcuméniques, et spécialement le saint concile de Trente ; et en même temps, je rejette, condamne et anathématise avec l'Eglise tout ce qui est contraire à ses définitions et toutes les hérésies qu'elle a condamnées. »

Un autre vœu du concile fut celui de la composition d'un résumé exact de la doctrine catholique à la portée des enfants et des âmes moins instruites. Charles eut la gloire d'avoir pris une part considérable dans ce travail. A ces penseurs dédaigneux, à ces multitudes de savants qui sourient au nom seul de catéchisme, est-ce un hors-d'œuvre de rappeler au moins en passant comment a été fait un de ces opuscules qui ont donné à la terre plus de vrais sages que n'en donneront jamais les plus volumineux, les plus vantés traités de science, de lettres et de philosophie?

Les principaux collaborateurs de Borromée étaient Simonette, évêque de Pesaro, « plus éminent encore par l'intimité de saint Charles que par la pompe romaine. » (DE FALLOUX, *Hist. de s. Pie V*); Sirlet, un des hommes les plus doctes de son siècle, versé dans les belles-lettres, dans les langues grecque et hébraïque (*ibid.*); François Ferrier, Dominicain, et Achille Stace, l'un et l'autre Portugais, conseillers intimes du roi de cette nation; Morini, archevêque de Lanciano; Forscarari, évêque de Modène. Conçoit-on que ces hommes, préparés à ce travail par leurs récentes études au concile dont ils étaient l'ornement, tout remplis pour ainsi dire des matières qu'ils avaient aidé à définir et à développer, aient passé de longs mois à s'occuper exclusivement de la rédaction de l'humble formulaire de notre foi, et cela avec le concours de leurs meilleurs secrétaires, pour ne produire qu'un opuscule sans valeur, sans raison, sans principes, digne de mépris ou de pitié?

Ajoutons ici quelques appréciations des *actes*

de l'Eglise de Milan, œuvre personnelle de Charles rédigés conformément à son catéchisme.

Valère, évêque de Vérone, disait : « C'est véritablement un don de Dieu pour rétablir en ce temps la discipline dans la république chrétienne. Cet ouvrage est si remarquable, si profond et si clair, qu'il semble que ce n'est point un homme qui l'a écrit; c'est l'Eglise elle-même, notre mère, guidée et inspirée par le Saint-Esprit, qui y parle et nous y instruit. Vous qui êtes déjà avancés en âge, lisez-le sept fois et plus. Démosthène, pour se rendre éloquent, écrivit, dit-on, huit fois de sa main les harangues de Thucidide, si bien qu'il les savait par cœur. A combien plus juste titre ne devez-vous pas lire et copier même plusieurs fois un tel livre ? »

« Ouvrage plein d'érudition, d'exactitude, de précision, réunies à l'élégance et à la pureté du style, » disent Melchior Cano, un de nos plus grands théologiens ; Philippe Buonamici et Clément XIII, qui, en 1761, adressait à l'univers une bulle où se trouvaient ces mots : « A vous maintenant, vénérables frères, de travailler à faire accepter par les fidèles ce secours si avantageux que notre sollicitude vous présente. »

En vérité, ces détails dans lesquels nous nous complaisons, sont-ils à dédaigner de nos jours ? Lorsqu'on voit toutes nos écoles de philosophie et de morale se posant en rénovatrices et guides d'une humanité désormais désabusée, disent-elles, et affranchie des superstitions ; les sectes protestantes s'émietter, se pulvériser sans arriver à formuler un *Credo* qui, selon l'expression d'un célèbre pasteur, puisse au moins remplir la largeur d'un ongle, ne doit-on pas se sentir heureux et fier en possédant un livre où l'académicien, comme le jeune pâtre, trouvent la solution précise et claire de tous les doutes qui peuvent fatiguer l'intelligence, l'indication de tous les moyens propres à consoler et fortifier le cœur! C'est pour cela aussi bien que le Bréviaire n'a pas oublié de dire : « Charles a écrit beaucoup de choses très utiles, surtout aux évêques; à ses soins en particulier, on doit le *catéchisme aux pasteurs*. »

Dans les mêmes jours, il ne négligeait pas d'exécuter dans son diocèse les décrets du concile. Mais ces détails exigeant un chapitre particulier, bornons-nous à mentionner une première visite qu'il y fit pour y présider un concile provincial, parce que ce ne fut qu'une courte apparition, pressé qu'il se trouva de revenir à Rome. Voici l'édifiant motif de ce retour.

Pie IV très malade lui ayant en toute hâte dépêché un courrier pour le presser de venir, sans délai il partit. Une raison de ce brusque départ prévalait sur toutes les autres. Qu'ils sont donc calomniateurs, les impies, quand ils disent que nos saints vivent étrangers aux sentiments de l'amitié et de la reconnaissance, comme si Dieu avait doté leur cœur du singulier privilége de l'égoïsme et de l'ingratitude! Charles avait donc été témoin des épreuves amères de son oncle dans les circonstances critiques où se trouvait la direction de la barque de Pierre. Il savait que plus on est élevé en dignité et en puissance, plus long et sévère doit être le compte à rendre à Dieu. Et alors il laisse tout pour secourir dans la lutte suprême le vieillard dont, mieux que personne, il connaît les actes et les dispositions.

Analysons les détails que nous a transmis un témoin oculaire de cette scène émouvante. Après s'être profondément agenouillé devant celui qui, avant tout, est sur terre le représentant immédiat de son Dieu, il ne veut plus voir qu'un vieillard mortel et pécheur comme nous le sommes tous, qu'un oncle près de paraître devant le tribunal des célestes justices. Plaçant un crucifix sous son regard, il lui dit : Très saint Père, que vos pensées se fixent uniquement sur le ciel ! Voyez le Crucifié, seul fondement de nos espérances; voici notre médiateur, notre avocat, la victime immolée pour nos péchés ! Voyez-le, Bonté et Patience même ; sa miséricorde fléchit sous le poids de nos larmes ; jamais il ne refuse le pardon au cœur contrit et humilié.

Puis lui ayant demandé une grâce avant de mourir et l'ayant obtenue, il reprit : Eh bien ! ce que je désire par-dessus tout, c'est que vous consacriez exclusivement aux besoins de votre âme les moments qui vous restent, que vous ne pensiez plus qu'à l'éternité. Dieu ne vous demande maintenant aucun autre travail, il vous interdit la moindre autre préoccupation. »

Cette voix était pour Pie IV celle de Dieu même, il laissa son neveu libre de tout ordonner auprès de lui, pour suivre à la lettre ses recommandations; il voulut recevoir de ses mains les sacrements de la dernière heure. Seuls saint Philippe de Néri et Charles veillèrent près de la couche du pontife, qui après six ans de papauté et à l'âge de soixante-six ans, mourut en prononçant ce verset de Siméon : « Laissez maintenant, Seigneur, votre serviteur entrer dans votre paix ! »

Cependant, la vacance du siége apostolique va mettre encore en évidence les hauts mérites du jeune cardinal. Il s'agissait, pour les membres du sacré collége, d'élire le successeur de Pie IV. Les temps étaient difficiles, les moments pressaient. Que les paroles et les œuvres des ennemis de l'Eglise, à propos du vénérable octogénaire qui dans ce moment préside le concile du Vatican; que leurs désirs hautement affirmatifs de voir mourir Pie IX, dans l'espoir que les divisions de la chrétienté mettront obstacle à son remplacement, et qu'ainsi l'autorité suprême sera éteinte dans les schismes; que ce triste état de choses, disons-nous, donne l'idée des périls et des inquiétudes du monde fidèle, et en particulier des cardinaux au moment où Pie IV disparaissait.

Quel sera donc l'homme dont Dieu se servira

principalement pour pacifier les cœurs et désigner le pilote souverain de la Barque de Pierre ballottée alors en mille écueils ? L'histoire répond : Charles Borromée. « C'est lui qui fit tomber tous les suffrages sur le pieux, le savant, le doux et fort saint Pie V. » Sa vie plus que ses paroles disait à tous ses collégues que, supérieurs à ces passions qui trop souvent à leur insu aveuglent les consciences les plus délicates, ils ne devaient consulter que la gloire de Dieu. Il leur désignait Pie V, et cependant, lui et sa famille avaient beaucoup à se plaindre des Caraffa, ses parents puissants et nombreux ; humainement parlant, il avait donc à perdre dans cette élection. Mais non. Le cardinal Ghisséri d'Alexandrie était un saint, et cette considération primait tout. Ainsi, Charles, en ne cherchant que Dieu, triomphait-il des obstacles.

Ecoutons M. de Falloux racontant une scène à cette occasion ; assurément, cette page de l'histoire de l'Eglise, sans analogue peut-être dans l'histoire des gouvernements de la terre, est bien de nature à montrer combien les choses de Dieu diffèrent de celles des hommes. « Dans le conclave qui s'ouvrait, tous les regards se tournèrent d'abord vers l'archevêque de Milan, à peine entré dans sa 28ᵉ année ; il se trouvait le chef de la plus notable partie des cardinaux, et derrière lui, consentaient à se ranger les diverses influences étrangères.

» Il n'entra dans le conclave qu'avec la ferme

résolution d'immoler ses propres affections à l'intérêt de la chrétienté; il tint parole. Les cardinaux Borromée, Morone et Farnèse, firent porter tous les suffrages sur le cardinal alexandrin. Pour vaincre la résistance de l'humilité de l'élu, ils prirent tour à tour la parole avec une chaleur extrême, et s'apercevant que l'autorité de leurs raisons allait échouer contre l'inflexibilité de ses refus, ils l'arrachèrent de sa cellule avec une sorte de violence et l'entraînèrent dans leurs bras jusqu'à la chapelle... Tous les cardinaux se jetèrent à genoux dès qu'ils le virent paraître, et proclamèrent le plus pauvre d'entre eux, mais celui-là, il est vrai, que présentait saint Charles Borromée. Ce saint pape prit le nom de Pie comme un témoignage de soumission envers Borromée, qu'il honorait ainsi dans la mémoire de Pie IV. »

Et le membre de l'Académie, l'homme d'Etat à qui nous devons *la Vie de s. Pie V*, ajoute à la gloire des deux saints cette réflexion vraie : « Quand Dieu veut illustrer un roi de la terre, il assigne d'éclatantes facultés à ses guerriers et à ses administrateurs; quand Dieu veut favoriser un pontificat, il lui envoie de grands ministres et de vaillants capitaines dans l'ordre spirituel, c'est-à-dire des saints!... Saint Charles, sous les auspices duquel ce pontificat avait été inauguré, occupera le premier rang au nombre des coopérateurs directs du nouveau pontife. »

Pie V aurait voulu garder auprès de lui notre

saint. Mais les motifs qui avaient retenu celui-ci n'existaient plus. Et puis, un des plus grands abus que le concile de Trente avait condamné, n'était-ce pas l'abandon que pour divers motifs beaucoup d'évêques faisaient de leur siége ? De sorte que Charles finissant par vaincre les instances du pape, obtint de lui la permission au moins provisoire de retourner à Milan, jusqu'à la fin de cette année, et le 5 avril 1566, il fit son entrée solennelle dans sa métropole.

IV. — Le diocèse de Milan. — Réception de saint Charles. — Ses premières réformes. — Ses institutions, ses travaux, ses visites pastorales.

Le diocèse de Milan, au moment où Charles le gouvernait, se composait de quinze grands évêchés et de deux mille deux cent vingt églises ; il embrassait, outre l'état de Milan, tout le Montferrat, une partie de la Vénétie, du Piémont, de Gênes, et côtoyait la Méditerranée jusqu'aux confins de notre France.

Mais quel spectacle offrait alors cette riche et populeuse province, qui depuis plus de quatre-vingts ans avait été privée de la présence de son archevêque ! « Eglise abandonnée de ses pasteurs, disent les historiens, et laissée comme une proie à une troupe d'hommes qui n'étaient occupés qu'à la déchirer. La ville, les campagnes étaient infectées de toutes sortes de vices. » Et à l'appui de leur assertion, ils citent une multitude de faits que nous omettons. Sujets de tristesse, mais aussi d'espérances pour les fidèles instruits, ils ne feraient peut-être que diminuer la foi de ceux qui, approfondissant peu les choses, sont hors d'état de comprendre que plus il y a dans l'Eglise de scandales, plus sa durée à travers les siècles prouve sa divinité. Qu'une maison parfaitement dirigée vive longtemps, nul ne s'en étonne ; mais si tout en elle est désordre, cahos, ne faut-il pas chercher hors d'elle la raison de cette longévité ?

Le Bréviaire, parlant des *réformes* de Charles, se restreint à ces mots : « Il s'attacha à refaire son Eglise selon les prescriptions du concile de Trente, que sa sollicitude avait contribué à terminer. » Cherchons donc ici dans les merveilles morales opérées par un saint des démonstrations irréfutables de la vérité de nos croyances. Un mal enraciné, immense, semblant incurable, s'offre en effet à nos regards ; mais pour le guérir, que faut-il ? un saint.

Quoique résidant à Rome du temps de son oncle, Charles, avons-nous dit, ne restait pas étranger à l'administration particulière de son archevêché. Le digne Oromanète déchargeait singulièrement sa responsabilité ; par une correspondance quotidienne, ils se transmettaient les questions et les réponses nécessaires à l'amélioration des âmes dont ils avaient accepté la conduite difficile. Les intentions, l'esprit de Charles pénétraient partout au moyen des religieux qu'il y envoyait en mission permanente, des jésuites surtout qui, en ce moment, se distinguaient par le talent et le zèle apostolique. Mais tous ces prêtres de son choix, tous ces prédicateurs d'un vrai mérite, n'étaient que des précurseurs de sa personne; tel un habile général détachant en avant-garde des capitaines courageux pour lui ouvrir chacun à son poste le chemin de la victoire.

Dès son retour à Milan, le voici donc lui-même à l'ouvrage. Et il n'est pas sans espérances. « C'est un autre Ambroise que Dieu nous envoie. Vie et bonheur à notre bon archevêque ! » se sont écriées les multitudes, le jour de son entrée pastorale.

Pour atteindre plus promptement son but, il commence par convoquer en synode tous les évêques de sa province. La vertu des pontifes produit celle de leurs prêtres, et les bons pasteurs rendent bons les paroissiens. Cette réunion eut lieu avant la mort de Pie IV. Obligé comme nous l'avons dit de retourner à Rome, Charles ne put qu'imparfaitement indiquer les travaux des pontifes. Mais revenu au milieu d'eux, il se hâte de compléter et de formuler leurs décrets en harmonie avec ceux du concile de Trente qui s'adressaient à la catholicité en général.

Le cadre de cette esquisse ne nous permet pas de détailler *les actes de l'Église de Milan*; ce monument immortel de la piété de Charles n'intéresserait bien d'ailleurs que les ecclésiastiques; or, ce n'est pas à eux que sont destinées ces pages. Qu'il nous suffise donc de rappeler qu'il dirigea si savamment les délibérations des Pères, que pas un seul abus n'échappa à sa vigilance et à leur flétrissure commune.

Sa métropole surtout fut d'abord le théâtre de son apostolat. « Autrefois, sur ce même siége, un évêque entendit sainte Monique, mère éplorée, lui demandant jusqu'à quand se prolongeraient les égarements de son fils. — Rassurez-vous, répondit l'évêque, l'enfant de tant de larmes ne périra pas. » — Et le fils de Monique devint saint Augustin. Aujourd'hui, c'était un peuple entier, enfant bien-aimé de son père spirituel, qu'il s'agissait de régénérer par l'effusion de la foi; mais l'esprit du siècle n'était pas encore vaincu dans sa lutte contre l'esprit de pénitence, et il ne s'agissait de rien moins que de faire changer de face à une vaste capitale et à une portion considérable d'un nombreux clergé. Ce qui aurait abattu un courage vulgaire, ne servit qu'à relever celui de Borromée. » (*Vie de S. Pie V.*)

Pour améliorer ce nombreux clergé trop oublieux de ses devoirs, il provoque successivement onze réunions synodales où, sous sa présidence, tous doivent se trouver. Oh! ascendant irrésistible de la vertu! Oh! puissance de la sainteté! Ne fallait-il pas qu'il y eût dans la nouvel Ambroise quelque chose d'extraordinaire, de divin, pour qu'en ces jours malheureux où *l'abomination de la désolation* régnait dans le sanctuaire, on vît plusieurs semaines consécutives, jusqu'à quinze cents prêtres ou religieux recevant dans le silence ses conseils, ses ordres, ses reproches énergiques !...

Et voici que le signal de la réforme est entendu et accepté partout.

Ce qui affaiblit et éteint vite chez les peuples jusqu'au sentiment moral, c'est le dédain de la parole de Dieu. Malheur au fidèle qui, indifférent aux engagements de son baptême et de sa première communion, en laisse peu à peu s'effacer en lui le salutaire souvenir par son éloignement volontaire de la chaire de vérité et le mépris des bons livres. Mais encore plus malheur au pasteur muet devant l'erreur et le mal! Donnant donc l'exemple, le jeune cardinal se livre avec un zèle infatigable à l'apostolat de la parole. Les dimanches et les fêtes, il prêche lui-même. Remarquons qu'il avait dans cette partie du ministère sacré d'autant plus de mérites que pour composer et s'énoncer, il éprouvait encore des difficultés telles que les *traités* divers de la *prédication* le citent comme un modèle des succès dus à une volonté opiniâtre. Mais Dieu bénissait abondamment ses efforts. Sans lui donner rang parmi les Basile, les Chrysostôme, les Augustin, les Ambroise, sous le rapport de l'éloquence proprement dite, sa parole conquérait à Dieu les cœurs les plus endurcis. « J'étais si vivement frappé, dit son historien, l'évêque de Novarre, des excellentes choses qu'il disait, et de la manière dont il les disait, que malgré mes efforts pour acquérir son geste et son genre, je n'obtenais rien ; l'audition de l'orateur et mes émotions me faisaient oublier mon dessein ; suspendu à ses lèvres pendant de longues heures, je ne regrettais qu'une chose, c'est que ses prédications fussent aussi courtes. »

N'oublions pas son commentaire familier des vérités de la foi, l'explication de son *catéchisme*, qui fut toujours sa préoccupation et son devoir préféré. Il fallait le faire d'une église dans l'autre. Parmi les nombreuses écoles qu'il fondait, pas une où il ne vînt lui-même de temps à autre l'enseigner et apprendre à l'enseigner ; si bien qu'entre tous les *manuels de l'enfance*, on remarquera toujours ses instructions pour ces classes, dont il ordonnait la tenue régulière, et dont il attendait avec raison la régénération de son diocèse. Une autre gloire de Charles est sa sollicitude pour les ordres religieux. Le concile de Trente s'était longuement étendu sur ce point, qui touche aux plus graves intérêts de l'Eglise ; tout le monde sait que, outre le secours direct qu'ils apportent aux chefs des paroisses par l'administration des sacrements et la prédication, par l'enseignement de la jeunesse, le soin des malades, l'assistance des pauvres, etc., ils lui viennent en aide par la prière, les bonnes œuvres, les mortifications expiatoires qui forment le contre-poids des iniquités de la terre ; n'importe la différence de leurs règles, ils sont pour les peuples la plus éloquente excitation au bien, puisque les exemples de la vie parfaite qu'ils nous offrent valent incomparablement mieux que leurs plus belles paroles pour nous convaincre de la possibilité et du bonheur de porter, aussi nous, cette croix qu'ils ont librement embrassée.

L'archevêque de Milan consacra donc toute son autorité, sa science et sa fortune à fonder ces maisons destinées à être les coopératrices du clergé dans la sanctification des âmes. Celles dont la piété s'était affadie, le virent comme un tendre père s'efforçant par tous les moyens de les rappeler à leur vocation. Qui dira sa tendre affection pour les séminaires où il plaçait l'élite de ses prêtres! Comme professeurs et élèves, sous sa main paternelle, grandirent vite en science et en vertus !

Nous parlerons plus loin de la congrégation des *Oblats de saint Ambroise* et de celle *des Dames de l'Oratoire*, mais dès à présent, nous devons en dire un mot. Quelque ferme qu'il fût pour tout ce qui avait trait à la discipline religieuse, il comprit qu'il n'obtiendrait que difficilement un concours efficace de la part des communautés anciennes dont les membres, à cause des habitudes prises, entreraient mal dans l'esprit des règles conciliaires. Il commença donc à recruter sous le nom d'*Oblats* des auxiliaires qui à sa parole apporteraient çà et là les vœux et les recommandations de l'Eglise.

La même pensée le dirigea dans sa création des *Dames de l'Oratoire*. Eprouvant des peines amères dans ses luttes pour la régénération de quelques communautés de femmes, il crut trouver le moyen le plus sûr de les rappeler aux vertus exceptionnelles de leur état, par l'établissement à Milan même de dames qui, vivant dans le monde, s'engageaient à suivre les pratiques de la vie chrétienne dans ce qu'elle a de plus chaste et de plus difficile à la nature ; il espérait que les âmes consacrées par vœu à la profession monastique, entraînées par leur exemple, rentreraient bientôt dans la voie sainte qu'elles n'auraient jamais dû quitter. Son espoir dans le résultat de ces deux grandes fondations ne fut pas déçu, comme nous le verrons bientôt.

Assurément, le plus jeune de nos lecteurs sait le dur labeur que nos évêques supportent dans leurs visites pastorales ; il a remarqué, lors de sa confirmation, à quelle vie ils s'astreignent un jour entier pour se trouver à l'aurore du lendemain dans une autre paroisse et y recommencer les mêmes travaux que la veille. Donc, habitués que nous sommes à voir nos pontifes, souvent bien avancés en âge et n'importe la saison, la difficulté des chemins, visiter le moindre hameau de leur diocèse, nous n'avons pas à raconter en détail les tournées pastorales de Charles, puisque ce ne serait qu'essayer le tableau difficile de celles qui nous édifient chaque jour. Mais constatons qu'à lui est due l'initiative, non pas de ces courses apostoliques qui ont toujours eu lieu plus ou moins régulièrement dans l'Eglise, mais des moyens à prendre par nos évêques pour que la patience, la douceur, le zèle, en un mot la vraie sainteté de leur part les rende profitable aux âmes. Un historien du bon archevêque en a décrit le résultat dans cette simple phrase : « Chacune d'elles était une victoire pour la foi et la morale. » (GIUSSANO.)

Parmi ces visites, il en est une dont nous dirons un mot avec le Bréviaire romain, qui a voulu la distinguer des autres. « Il travailla prodigieusement à confondre l'hérésie et à convertir beaucoup d'apostats dans la Rhétie et la Suisse. »

Trois vallées dépendantes des cantons suisses, Uri, Schwitz et Unterwalden, dépendaient quant au spirituel de l'archevêché de Milan. La visite en était pleine de difficultés et même de périls. D'une part, il s'agissait de présidents de cantons extrêmement jaloux de leur autorité et plus ou moins attachés aux hérésies de Calvin et de Zwingle; d'autre part, d'une grande quantité de pâtres pervertis plutôt qu'édifiés par des prêtres ignorants ou vicieux, lesquels plus encore que leurs ouailles craignaient la venue d'un tel pontife. Pas un prince de l'Eglise ne s'étant montré dans ces montagnes depuis longues années, le mal ne semblait-il pas incurable! Comment affronter et vaincre tant d'obstacles réunis?

Mais ce qui est impossible aux hommes ne l'est point à Dieu. Franchissant les montagnes, les torrents, les neiges, côtoyant les précipices, se nourrissant du pain bis mendié dans les chaumières, Charles est sur pied de jour et de nuit, on le voit partout prêchant, catéchisant, administrant les sacrements; ses supplications, ses larmes, lui gagnent les plus obstinés pécheurs ou hérétiques. En moins d'un mois, l'Eglise des *Trois-Vallées* avait changé de face. » Il part après avoir reçu des chefs laïques mille remerciements, et obtenu des pasteurs au pied de l'autel le serment de se conformer aux règles de Trente et la profession de foi de Pie IV. Enfin, y retournant quelques années après, il y goûte autant de consolations qu'il y avait éprouvé de peines et d'amertumes.

V. — L'ordre des *humiliés*. — Attentat contre la vie de Charles. — La véritable réforme.

Charles convertissait les âmes surtout par sa mansuétude et sa clémence extrême. Mais chez lui se rencontrait aussi une sévérité inflexible en face du vice récalcitrant; or, comme la haine de l'homme pervers s'accroît dans la proportion des vertus du juge qui le condamne, il en résulte qu'il n'est pas de crimes devant lesquels cette haine hésite pour s'assouvir. Les faits suivants sont un mémorable exemple de cette désolante vérité.

Entre toutes les maisons religieuses qui trahissaient alors l'Eglise par leur scandaleux relâchement, figurait au premier rang celle des *humiliés*. Fondé au xii° siècle par de riches Milanais en remerciement de leur délivrance des maux qui les attendaient dans les cachots de l'Allemagne victorieuse, cet Ordre, approuvé par Alexandre III (1181), et Innocent III (1198), n'avait gardé de son origine et de sa règle qu'un nom dégénéré en mensonge accusateur. Répétons toutefois avec les historiens sérieux, et surtout MM. de Montalembert et F. Martin, dans leurs savantes études sur les *moines*, que cette perversion n'était en général que le résultat de l'envahissement du monde sur les personnes et les choses religieuses, contre lequel les papes multipliaient sans relâche leurs protestations et qui causa l'exil et la mort çà et là de plusieurs saints pontifes. — Les *humiliés*, en effet, ne dépendaient plus que de seigneurs laïques qui en exploitaient les domaines, sans s'inquiéter du mode d'existence de ceux avec qui ils partageaient cette jouissance. « Etouffé dans l'oisive opulence, cet Ordre ne comptait pas au-delà de cent soixante-quatorze membres, et il ne possédait pas moins de quatre-vingt-quatorze couvents. » (*Vie de S. Pie V.*) Evidemment entre les murailles de telles abbayes ne pouvaient que se réfugier des âmes sans vocation.

Voyons comment procède en de telles conjonctures non pas un Luther, qui pour couper court à un abus, détruit l'institution la plus utile en elle-même, la plus glorieuse pour l'humanité et son divin Libérateur, mais un pontife selon Dieu, qui au lieu de dire : « Les vœux monastiques sont contre nature, » commence par montrer en sa personne qu'il est très possible d'accomplir jusqu'au iota ce que ces vœux ont d'essentiel et de plus dur.

Ayant acquis par de sûres informations la certitude des désordres de *la Scala*, et recueilli les avis de ses conseillers habituels, Charles délègue un de ses vicaires-généraux pour transmettre ses intentions à ces indignes religieux. Or, non-seulement les portes de l'établissement se ferment devant ce respectable mandataire, mais encore il est publiquement insulté et frappé. Le prétexte du refus d'ouvrir était qu'affranchi de la juridiction archiépiscopale, l'établissement dépendait directement du roi d'Espagne et des autorités civiles milanaises, qui représentaient ce souverain.

Cependant, obtenant bientôt de Pie V deux brefs lui laissant l'autorité nécessaire à cette visite, Charles n'hésite pas à se rendre lui-même à la porte du monastère. Mais, à l'instigation du prince Barnabé, sénateur de la grande cité, et sûrs de son appui, les *humiliés* repoussent brutalement le pontife. On le voit les larmes aux yeux et le crucifix pressé contre son cœur se retirer au milieu de la foule émue et frémissante de cette odieuse scène !

Toutefois, ne se décourageant point, Charles parvient à obtenir de Philippe II, mieux instruit de l'affaire, la permission d'entrer dans le monastère et l'ordre aux religieux de répondre à ses questions. Cette visite a lieu et elle laisse au doux archevêque de légitimes espérances.

En effet, à ses accents affectueux et à ses pleurs, quelques coupables rentrant en eux-mêmes, promettent de se conformer aux statuts nouveaux, qui seront rédigés sous son inspiration au chapitre de Crémone formé de leurs principaux chefs. De plus, ils s'engagent à affecter une partie de leurs revenus à la création et à l'entretien d'un noviciat où se formeraient des Pères dont le savoir et la piété régénéreraient leurs monastères déchus.

Mais la soumission ne fut pas générale. Les méchants ne trouvent-ils pas toujours de plus méchants qu'eux pour stimuler leur obstination haineuse ? Le sénat milanais excite les *humiliés* contre cet archevêque, « bouillant, intrigant, ambitieux, voulant tout dominer sans d'autre règle que sa cupidité et son caprice. » En vain le digne pontife qui occupait alors le siége de Pierre prend-il fait et cause pour notre saint. « N'est-ce pas, écrit-il, une chose bien affligeante que Dieu ayant donné ces temps-ci à Milan un pasteur si admirable, ceux qui devraient l'aimer, l'estimer et le soutenir davantage, soient les premiers à s'opposer à tous ses bons desseins et à lui imputer des crimes dont il est aussi innocent qu'il est éloigné même de l'apparence de semblables défauts. » Cette voix ne fut pas écoutée. Charles devait vérifier par lui-même cette parole du Sauveur : « Bienheureux qui souffrira persécution pour la justice. »

Un complot infernal se trame dans les ténèbres, afin que les soupçons puissent planer sur bien des têtes intéressées à se défaire de ce senseur importun, et déconcerter ainsi la justice. Un mauvais judas, au prix de quarante écus, se charge de les délivrer de l'homme abhorré. Farina, tel est le nom de l'assassin, a choisi le moment où Charles, à genoux devant l'autel, le front incliné, priera selon son habitude, pour tirer sur lui ; le coup parti, un groupe enveloppera le meurtrier de manière à couvrir son évasion. Laissons parler un historien : « On chantait alors au chœur ce verset du Psalmiste : *Que votre âme ne se trouble point.* » C'était Dieu qui voulait rendre sensibles l'encouragement adressé à ses serviteurs fidèles et la protection dont il les entourait. Se sentant frappé dans les reins, Charles ne pousse aucun cri, seulement il élève les mains vers le ciel. La balle l'avait atteint en effet, mais pour tomber morte à ses pieds et laisser seulement sa trace noire sur le rochet. Quant aux plombs joints à la balle, ils trouèrent ses vêtements; l'un d'eux traversa une table épaisse.

Le corps de Charles n'avait nulle part la moindre égratignure. La protection divine était donc évidente ! « Inflexible restaurateur de la discipline, il se vit miraculeusement sain et sauf lorsque, plongé dans la prière, il fut atteint d'un coup de feu. (Brév. Rom.) Le saint pontife ne pouvait se méprendre à cet égard, puisqu'à l'endroit où la balle l'avait touché, il se forma une légère tumeur non douloureuse qui persista toute sa vie. Les Milanais partagèrent bien cette conviction; eurent-ils à qualifier un objet impénétrable au fer, ils dirent : C'est *le rochet de saint Charles*. Le vêtement se trouve aujourd'hui chez les Chartreux de France; la balle est aussi conservée dans le monastère des Oblats de Saint-Ambroise.

Si jamais une âme a fait preuve de grandeur et de force, ce fut assurément celle de Charles dans les moindres circonstances de cet abominable attentat. Bien qu'il se sente frappé, il se retourne sans émotion apparente vers sa nombreuse assistance, fait signe de poursuivre l'office, et continue à la même place son oraison jusqu'à l'heure qu'il se prescrit journellement.

Puis, lorsque sortant de l'Eglise il voit le peuple agité criant vengeance et les magistrats lui manifestant leur indignation et le questionnant sur les personnes qu'il peut soupçonner, il n'a d'autre réponse que celle-ci : « Pardonnez-leur, ne sont-ils pas déjà assez malheureux de leur crime? » Une seule chose le préoccupe, c'est de rendre grâces à Dieu et de lui offrir une réparation solennelle du sacrilége accompli contre ses autels et ses ministres. Et quand la procession qu'il a désirée à cette double intention est réunie, lui-même, précédé ou suivi de la ville presque entière, la dirige et l'édifie par son attitude humble et toute suppliante.

Enfin, quand malgré lui la justice met la main sur les meurtriers, non-seulement il sollicite leur grâce, il s'efforce d'amoindrir et de soulager leur malheur; mais encore, réduit à l'impuissance à cet égard, il se fait la providence des familles de ceux qui ont été condamnés à mort. Quoi de plus! l'ordre des *humiliés* devint l'objet particulier de sa compassion et de sa sollicitude paternelle. Prenant la défense de cette maison misérable, il la protégea contre la vengeance publique, et il plaida sa cause contre Pie V, qui en prononça la dissolution (1570). Conflit admirable entre la clémence d'un évêque pardonnant parce qu'il a été offensé, persécuté personnellement, et la justice de l'évêque des évêques exigeant la réparation et la cessation des bassesses et de l'apostasie, au nom de la morale et de la foi outragées dans un de ses premiers collaborateurs!

« Pie V, dit M. de Falloux, voulut graver une impression mémorable dans l'esprit des Milanais, en prononçant la destruction de l'ordre entier auquel appartenaient le meurtrier et ses complices Borromée dépêcha vainement un de ses plus intimes compagnons, Oromanète, pour conjurer cet acte de sévérité. Rien ne fléchit Pie V dans le châtiment d'un attentat qui avait fait courir un si grand danger à la société chrétienne. « La corruption, répondit-il, est trop générale et le crime trop grand pour que nous écoutions vos prières... Il faut à jamais délivrer l'Eglise d'un tel reproche. »

« Assignant des pensions convenables aux religieux restés purs, il fit restituer le reste des propriétés des *humiliés* à des institutions charitables. Une part part fut prélevée pour la fondation d'un séminaire aux portes de Milan, en sorte que Pie V rattachait par un lien perpétuel le salut de l'Eglise de Milan à celui de son saint archevêque. »

Une réflexion s'impose d'elle-même à notre plume, chers lecteurs, dans cette page de la vie de Charles. Comme ici apparaît la divinité de l'Eglise notre mère ! Qu'à l'envi les sectaires ou impies de toute nuance appellent sur son noble front les mépris, en montrant du doigt les scandales, les infamies dont elle offre le spectacle, selon eux; est-ce qu'en face de ces abominations ne se dressent pas, éclatantes comme le soleil, sa pureté, sa sainteté ? Quelle que soit l'épaisseur des ténèbres amoncelées dans son sein par l'esprit infernal, est-ce que l'œil même du petit enfant n'y voit pas la beauté d'incomparables rayons qui, les dissipant, les rendent lumineuses ?

Oui, il y a eu, il y aura toujours des scandales. Qui chercherait à le nier lorsque le Saint des saints lui-même, de sa bouche adorable, affirme qu'il en sera ainsi? Mais de cette prédiction mystérieuse devenue un fait quotidien et frappant, quelle conclusion favorable à leurs blasphèmes pourraient en tirer le schisme, l'hérétique et l'incrédule? Lorsque Luther a rompu avec Rome en la dénonçant comme pire que Babylone, son langage était-il, pouvait-il être de bonne foi? Certes, l'assassinat d'un pontife aussi doux, aussi pieux que Charles, est la preuve la plus capable de nous convaincre de la perversion de certains monastères d'alors... Eh bien! ce sacrilége ne confond-t-il pas justement la conduite du moine apostat de Wittemberg? Pourquoi ces religieux, ces dignitaires ecclésiastiques se révoltaient-ils? N'est-ce pas parce qu'au nom de l'Eglise gémissante, Charles voulait qu'ils respectassent leurs vœux prononcés librement en face des autels, qu'ils ne foulassent pas aux pieds la croix qu'ils avaient solennellement juré de défendre et de glorifier? Donc l'Eglise n'approuvait pas le mal, puisque, pour l'empêcher, un de ses pontifes, soutenu en cela par le Pontife suprême, compromettait même sa vie, offrait volontiers son sang.

Et à cette conséquence s'en joint une autre plus accablante encore contre le protestantisme. Puisque, selon lui, l'état monastique est contre nature, puisque les vœux de chasteté, de pauvreté, d'obéissance, sont exécrables et anti-sociaux, en quoi étaient coupables les *humiliés* et les autres de s'abandonner aux désordres contraires à ces vœux ? Comment et en quoi péchaient-ils, scandalisaient-ils, dès là que, se conformant *aux penchants de la nature*, ne reconnaissant pas plus que Luther et Calvin la nécessité et le mérite des bonnes œuvres, ils se bornaient à croire fortement en Jésus-Christ ? « Pèche hardiment, avaient dit les hérésiarques, mais crois plus fortement encore et ne crains rien dès lors. » Donc, en réalité, la cause qui armait le bras de Farina était juste et légitime; donc, saint Charles avait tort; donc, les hérétiques, pour être conséquents avec eux-mêmes, doivent vouloir une Eglise selon les croyances et la morale du meurtrier et en opposition directe avec celles de sa victime. Quelle aberration ! Se peut-il une haine plus aveugle de la vérité et de la vertu !

Concluons qu'il en est des *humiliés* et de Charles comme de tous les faits mentionnés dans les annales de l'Eglise; jamais, sérieusement interrogées, elles n'ont déposé ni ne déposeront en faveur du mensonge et du vice.

VI. — La disette dans le Milanais. — Charité et piété de Charles. — Bataille de Lépante. — Le jubilé. — Les quarante heures. — Mort de saint Pie V. — Collèges de Bréra, de Sainte-Marie, etc. — L'éducation.

Un grand outrage à la vertu a toujours pour résultat de réfréner l'audace des méchants, d'arracher les indifférents à leur neutralité coupable, et d'intéresser les gens de bien à la victime de cette haine brutale. La mort dont Dieu préserva miraculeusement son pontife de prédilection produisit tous ces effets. Et dans Milan et dans le diocèse entier, Charles devint l'objet d'un respect général, d'une affection plus profonde.

Dieu, qui le destinait à être un des premiers apôtres de la charité, lui donna l'année suivante l'occasion de montrer en lui ce qui constituait le véritable pasteur catholique. Il s'agit de la disette qui en 1570 sévit dans tout le Milanais.

Les récoltes de la Lombardie entière avaient manqué ; seuls les riches pouvaient et à prix d'or se procurer le nécessaire à leur subsistance. N'insistons pas sur les conséquences probables d'un tel fléau, puisque, de nos jours, malgré l'incroyable facilité des transports, nous savons ce qu'il a produit de calamités en Irlande, en Chine, en Algérie, et même dans diverses localités de notre riche pays de France.

Que fit Charles en présence de cette affreuse

désolation? quelle part prit-il au soulagement de tant de misères? L'histoire a enregistré ces faits suffisant à immortaliser sa mémoire, si la peste, qui survint un peu plus tard, ne lui avait pas assuré une gloire encore moins périssable.

Aux pauvres qui affluent à son palais, il commence par faire préparer une distribution continuelle d'aliments. Jusqu'à trois mille malheureux viennent là chaque jour chercher de quoi se préserver de la mort!

Ces provisions énormes et si coûteuses de blé, de riz, de légumes, ont absorbé son revenu au point que le pain manque pour lui et son entourage immédiat. On le voit alors traversant à pied les rues de la cité, quêtant de porte en porte, envoyant des lettres suppliantes ou des messagers à des villes ou à des personnes éloignées dont il espère ne pas solliciter vainement la pitié. Toutes les maisons riches de son diocèse, stimulées par son exemple encore plus que par son zèle infatigable, s'imposent de rudes privations; enfin le mal est si énergiquement combattu que, pendant sa durée de plusieurs mois, on ne put pas dire qu'il avait fait « une seule victime. »

Mais l'arme invisible et plus puissante de Charles contre le fléau fut son appel de toute heure aux miséricordes divines. Plein d'une invincible confiance en Celui qui fait jaillir l'eau des rochers, change en tige verdoyante la baguette desséchée d'Aaron, nourrit avec quelques pains les multitudes affamées dans le désert, Charles donne des ordres pour que tous ses prêtres, toutes ses communautés fassent dans le jeûne, la pénitence et l'aumône. une sainte violence au cœur de Jésus. De sorte que la disparition presque soudaine de la disette, sans laisser pour ainsi dire trace de son séjour, fut regardée comme miraculeuse. « On conçut un respect particulier pour le saint archevêque ; tous attribuèrent leur délivrance à ses prières et à ses mérites auprès de Dieu. » (Giussano.)

A cette même époque Charles trouvait un fait éclatant, la preuve que, selon ses expressions, « un regard favorable du ciel vaut mieux pour notre défense que la protection d'une nombreuse armée. » Les Turcs, avec leurs légions et leurs flottes innombrables, s'avançaient toujours victorieux, et dans l'espoir de s'assujétir définitivement l'Europe tremblante. Effrayé de leur approche, saint Pie V, comme les Léon, les Grégoire-le-Grand et tous ses pieux prédécesseurs, ne se contenta pas de solliciter au secours de la chrétienté les puissances catholiques et de mettre à leur disposition tout ce qu'il avait lui-même d'or, de vaisseaux et de soldats. Il excita par la concession d'un jubilé solennel toutes les âmes à se joindre à lui pour appeler la victoire contre les implacables ennemis de la Croix. Et l'on connaît l'issue de cette magnifique bataille du golfe de Lépante, du 7 octobre 1571; on se rappelle cette circonstance particulière du combat, c'est-à-dire saint Pie V « interrompant son oraison pour annoncer la défaite de la flotte ottomane au moment même où elle avait lieu, et par conséquent longtemps avant qu'on en pût recevoir la nouvelle officielle. » (Brév. Romain.)

Pénétré des mêmes pensées que Pie V, vivant de la même ardente foi en Dieu, Charles trouva donc dans le jubilé de nouveaux motifs de prouver à ses diocésains la nécessité de se concilier le Ciel par les œuvres du repentir et de l'expiation. Le premier, il fonda ou remit en usage des pratiques éminemment propres à la sanctification des âmes. Ainsi, comme il l'avait déjà fait lors de l'attentat des *humiliés*, il ordonna et présida lui-même successivement trois processions auxquelles il donna la plus imposante solennité. Inutile de démontrer sa haute sagesse dans l'établissement de ces grandes manifestations publiques si puissantes sur les âmes quelles qu'elles soient qui y participent et en sont témoins ; au besoin, les efforts de l'hérésie et de la libre pensée pour les empêcher si elles le pouvaient, en prouvent la valeur contre leurs blasphèmes.

Une cause de scandaleux désordres et par conséquent d'offenses à Dieu était, à Milan, l'époque du carnaval ; plusieurs fois déjà saint Charles s'était préoccupé de les faire cesser. Mais cette année-là, il établit une pratique capable sinon de les réprimer en totalité, du moins d'en détourner beaucoup de chrétiens et surtout d'en affaiblir les effets devant Dieu par le contre-poids de prières et de pénitences mises dans la balance des justices éternelles. A ces mots, lecteurs pieux, vous reconnaissez l'institution dite des QUARANTE HEURES.

Que n'a pas valu, que ne valent pas pour le salut du monde, ces prières durant quarante heures en mémoire des quarante heures que notre Seigneur passa dans le tombeau ; ces gémissements, ces actes d'adoration et d'amour s'exhalant de milliers de cœurs en présence du très saint Sacrement exposé pendant les trois jours qui précèdent les Cendres? Dieu seul le sait. Mais que le monde catholique se rappelle avec reconnaissance que Charles le premier ordonna ce mode de prières, qui se répandit dans l'Italie, puis dans l'univers, que les souverains pontifes ont encouragé par toutes sortes de faveurs spirituelles, et qui enfin dans notre France en particulier provoque partout de sensibles redoublements de ferveur. Un événement très grave pour la chrétienté vint, l'année d'après, mettre en nouveau relief les mérites et l'influence de notre saint. Il s'agit de la mort rapide et imprévue de Pie V.

Charles, épuisé par ses travaux de tout genre, par une longue visite pastorale dans les cantons suisses, était rentré à Milan. Bientôt cet affaiblissement dégénère en un état maladif plein de gravité ; une fièvre lente produite par un catarrhe aigu le consume, le réduit à l'étisie, si bien que le mal toujours grandissant finit par résister aux efforts de la science. Tous craignent de le perdre ; lui, le saint pontife, ne gémit de ses souffrances que « parce qu'elles l'empêchent de faire quelque chose pour Dieu. »

Eh bien ! ce fut dans cet état de langueur alarmante qu'il apprit la maladie grave du Saint-Père. Aussitôt ne considérant que la perte irréparable que l'Eglise allait éprouver dans la personne de ce pontife, son ami si savant, si pieux, plein d'une si rare sagesse, il ordonne des prières publiques dans tout son diocèse; lui-même, dédaignant les prescriptions médicales et plus fort que les souffrances, ne quitte pas sa métropole. Les fidèles le voient à toute heure priant avec eux aux pieds des autels, présidant les offices sacrés et leur adressant du haut de la chaire les paroles les plus capables de leur rappeler le rôle suprême du vicaire de Jésus-Christ dans le monde. — Vous compromettez votre vie, lui disait-on, ménagez votre faiblesse. A chacune de ces observations ou prières, il faisait ces sortes de réponse que le monde ne comprend pas, que le monde condamne parce que l'esprit ne tient nul compte des répulsions de la nature, ni des exigences de la vie matérielle et terrestre. Charles enfin eut le courage de célébrer lui-même le service funèbre de saint Pie V et de prononcer son panégyrique.

Toutefois, il ne lui suffisait pas d'avoir exhorté son peuple à demander au Seigneur de placer sur le siége de Pierre un autre Pie V. Il était cardinal; donc, sa place était au conclave. Et toujours très malade, malgré la distance de cent lieues, et les difficultés des chemins, il se rend à Rome sans s'arrêter nulle part. Dieu, qui veillait sur cette vie si précieuse, le voulait dans la Ville-Eternelle, parce que sa présence était humainement conforme à ses desseins. De même que Charles avait décidé l'élection de Pie V, de même il réunit les suffrages sur le cardinal de Saint-Sixte (Grégoire XIII), qui était un de ses suffragants, dont il connaissait mieux que personne la science spéciale et les vertus solides. Qui donc dans le sacré collége aurait hésité devant cette parole leur affirmant que c'était celui-ci que Dieu voulait « pour l'exécution des décrets du concile de Trente, l'extirpation des vices et des hérésies, la propagation de la foi catholique et l'augmentation du culte divin? » (Giussano.)

Malgré lui, Charles fut retenu à Rome par Grégoire XIII, désireux de profiter de ses conseils; pendant quatre mois, il dut s'occuper des affaires générales de la catholicité, et en particulier de l'amélioration de Rome qui, la première des églises par le rang et l'honneur, doit l'être par la supériorité des mérites de son clergé et de ses pontifes. Il revint à Milan après avoir obtenu plusieurs concessions d'indulgences propres à y exciter la foi et les bonnes œuvres; ainsi celles qui ont trait à l'oraison mentale, aux quarante heures, à l'instruction des enfants, à diverses sortes d'aumône. N'oublions pas que son état de souffrances et son vif désir de revoir son troupeau bien-aimé, ne l'empêchèrent pas d'interrompre sa route pour une visite à Notre-Dame de Lorette. Assurément, parmi les noms de pèlerins inscrits sur les tablettes du célèbre sanctuaire, mérite d'être remarqué par les serviteurs de Marie celui de notre illustre cardinal, qui y passa en oraison une nuit entière.

Dès sa rentrée à Milan, il réalise un projet qui depuis longtemps préoccupait son cœur. Se défaisant de quelques propriétés et aliénant une partie notable de ses revenus, il fonde un très grand collége (1572) à Bréra, sous la direction des Pères de la compagnie de Jésus. L'entretien en est à sa charge, car cet établissement doit s'ouvrir uniquement et gratuitement aux enfants des familles pauvres. Et pour assurer à cette école des maîtres toujours dignes, de même qu'à ses prêtres et à lui-même de saints collaborateurs, il crée toujours à ses frais un noviciat de jésuites dans ce qui lui reste de son abbaye d'Arone.

Nous omettrions une circonstance de ces œuvres, si elle était indifférente à la gloire de leur fondateur. Non, ce ne fut pas sans une très vive opposition de ses parents que Charles se dessaisit ainsi d'une partie de l'antique patrimoine des Borromée; ces luttes lui furent d'autant plus pénibles, que nul ne connut jamais plus que lui les devoirs et les affections de famille. Mais il résista, et Dieu approuvait bien ces sacrifices, puisque bientôt de ces écoles-modèles sortirent en grand nombre des élèves pleins de science et de piété; de très loin on y accourut. « Seul le collége Romain de Saint-Grégoire pouvait leur être comparé pour la discipline, pour la variété et la force des études. »

Son regard toutefois ne se fixait pas uniquement sur les classes pauvres; les riches n'avaient pas un moindre besoin de connaître et d'aimer la religion. L'année suivante (1573), Charles fonde donc un collége spécial pour les jeunes gens de familles nobles ou opulentes. Fournissant aux premières dépenses d'établissement, il plaça là l'élite de ses religieux. Rien ne manquait à ce magnifique édifice, qu'il appela *Sainte-Marie*. Elevés là comme des princes, les jeunes Milanais virent bientôt sur leurs bancs non-seulement des condisciples venus de tous les points de l'Italie, mais encore des Français et des Allemands. Le saint Pontife eut la consolation d'être lui-même témoin de cette incroyable prospérité. Mais aussi, comme cette consolation lui était due! Aussi souvent qu'il le pouvait, il visitait sa chère maison, il interrogeait avec bonté les maîtres. En les encourageant, il leur faisait ce que nous appellerions aujourd'hui un cours de pédagogie. Et que dire de sa paternelle sollicitude pour les élèves? Comme il s'intéressait à leurs succès; que de larmes mouillaient ses yeux en leur distribuant chaque année des couronnes! Quel admirable manuel des écoles que son *traité spécial d'éducation pour les nobles* !

Vraiment, l'histoire a eu raison de mentionner cette gloire particulière du saint cardinal : *Il fonda beaucoup d'écoles*. (Brév. Rom.) De nos jours, où chaque matin voit éclore tant d'étranges théories sur l'instruction de la jeunesse ; où ne jugeant pas que l'Eglise est à la hauteur du rôle d'éducatrice, nos hommes d'état croient sauver les générations nouvelles parce qu'ils leur auront ouvert jusque dans les hameaux des écoles telles quelles, n'est-il pas utile de rappeler ce qu'ont dit et fait des hommes tels que Borromée à cet égard ? Interprétant, remarquons-le bien, les pensées du concile de Trente, c'est-à-dire de l'Eglise, est-ce que le cardinal de Milan favorisait l'ignorance, proscrivait la lumière ? Pour montrer ses goûts, sa volonté contraires, pouvait-il donner autre chose que sa fortune, son temps, sa science éminente, sa santé, sa vie !

Oui, l'Eglise a reçu de son divin fondateur cette mission d'enseigner et d'instruire à laquelle l'histoire atteste qu'elle n'a jamais failli. Malheur aux nations qui, méconnaissant ses mérites sous ce rapport, sont assez aveugles pour non-seulement oser l'entraver dans l'exercice de ce ministère dont sa charité possède seule la science presque divine, mais encore se substituer à Elle et lui imposer plus ou moins violemment le silence !

VII. — La peste de Milan.

La page de la vie de Charles qu'a le mieux gardée la mémoire des peuples, est celle qui a trait à la peste de Milan. En affirmant tout de suite ici qu'elle méritait cette gloire, ajoutons cependant que ce serait ne rien comprendre aux paroles et aux actes des saints, que de les isoler de la pensée qui les a conçues, des vertus qui les ont produits, et surtout de ne pas en tirer les conséquences que notre Seigneur et l'Eglise ont le droit d'exiger de toute intelligence sérieuse, de tout cœur chrétien.

En effet, le monde, incapable d'apprécier autre chose que ce qui tombe sous les sens, n'accorde son admiration qu'aux traits de charité ou, selon son langage, d'humanité et de philanthropie. Quel hérétique, quel philosophe voltairien a jamais refusé ses phrases d'admiration aux Paulin de Nole, aux Borromée, aux Vincent de Paul, aux Belzunce, aux Affre? Mais, disons-nous, ils ont décerné des phrases, et des phrases seulement. A l'égard du principe surnaturel et divin de cet héroïsme, ils sont restés dans la même insouciance, la même haine! Qu'il n'en soit donc pas ainsi de nous, chers lecteurs. A travers ces lignes évidemment bien sommaires du récit du rôle de Charles pendant la peste de Milan, demandons à Dieu de savoir bien lire l'enseignement qui nous y est donné!

En juillet 1576, dit le cardinal Galuffi, « l'ange du trépas agitait ses ailes, d'où tombait sur la terre la funeste influence qui multipliait les victimes et les gémissements; la génération nouvelle respirait sur la génération immolée les miasmes qui l'empoisonnaient elle-même. Il n'y eut pas en Europe une région exempte de ses coups, et mainte fois il revint désoler les lieux où il avait déjà accumulé les cadavres. »

Le diocèse de Milan fut un des plus maltraités par le fléau.

Charles était en tournée pastorale lorsqu'il apprend que sa ville métropolitaine est attaquée. Sans délai de jour et de nuit, il y va, ou pour mieux dire, il y court. Quelle réception fut la sienne! Le gouverneur, les principaux magistrats, les familles aisées avaient déjà pris la fuite; seuls restaient les habitants hors d'état de quitter leurs travaux et leurs demeures. En rentrant, il ne trouva donc sur ses pas que des malheureux à genoux lui criant : *O notre bon père, ne nous abandonnez pas!*

Que fera le saint pontife en présence de cette population de trois cent mille âmes si horriblement décimée? Elevant d'abord ses regards suppliants vers Celui qui *rend malade et guérit*, qui *tue et ressuscite*, il lui demande, et lui fait demander dans toutes les paroisses la miséricorde et la pitié. Donnant lui-même l'exemple des sentiments et des actes qui doivent animer et compléter la prière dans ces cruels moments, se considérant comme chargé de tous les crimes de ses enfants, il commence la pénitence publique par l'abstinence et le jeûne, par les oraisons prorongées jusque dans les heures avancées de la nuit, par la privation même de sommeil. A la gerbe de paille qui lui servait de lit, il substitue le plancher nu !

Connaissant la violence faite au ciel par des âmes réunies et priant au nom de notre Seigneur, il organise plusieurs processions générales. C'est lui qui aux diversss stations occupe la chaire sacrée ; et avec quelle puissante éloquence, les larmes abondantes du doux et humble orateur démontrent que le premier secours contre la peste est non pas la science médicale dont Dieu n'a déjà que trop fait sentir la stérilité, mais la cessation du péché sanctifiée par une contrition sincère. Dans une de ces processions qu'il faisait pieds nus, la corde au cou, un long crucifix à la main, un clou lui déchira l'orteil ; ne voulant pas qu'on le soignât, il marqua son itinéraire par les traces de son sang !...

S'il ne perd jamais de vue la pensée de Dieu, et s'il veut que tous les Milanais l'aient sans cesse présente à l'esprit, il ne dédaigne pas pour cela les moyens matériels de combattre le fléau. Par son initiative et soit à ses frais, soit à l'aide des aumônes qui semblent miraculeusement sortir de ses mains, des bâtiments sont disposés de tout côté pour retirer les pestiférés. Le grand hôpital Saint-Grégoire en particulier est pourvu d'un immense matériel, de manière que des milliers de personnes puissent y recevoir des soins faciles et intelligents. Ce vaste édifice était placé au centre de la campagne, à quelques lieues de Milan et entouré de toute part d'un large fossé. Dans ces conditions avantageuses, il devint, sous la direction du pontife, non-seulement le salut d'innombrables malades, mais encore il préserva la ville de l'augmentation de mortalité qu'y auraient produite les cadavres s'ils étaient restés dans son enceinte déjà trop encombrée.

Cependant l'impulsion qu'il donne à tous les genres de moyens employés contre l'épidémie est telle que chacun se demande avec anxiété ce que deviendrait Milan s'il venait à le perdre. On le voyait pénétrer dans les cellules des hôpitaux, dans les plus chétives demeures, y apportant les sacrements ou des remèdes; il ne quittait un lieu infect que pour en visiter un autre non moins insalubre; il ne laissait un agonisant que pour ensevelir un cadavre abandonné dans la maison voisine. Tous les yeux, tous les cœurs étaient fixés sur lui.

Et alors les notabilités de Milan et ses meilleurs prêtres se décident à le supplier de ne pas ainsi exposer sa vie; telle est leur insistance à lui prouver que s'il succombait, le mal grandirait dans une inexprimable proportion, que sa conscience si délicate est un instant embarrassée. Oh! mémorable trait d'humilité chrétienne! touchant enseignement donné par la véritable science ! Ce théologien consommé, ce pontife d'un jugement si droit, cet administrateur si prudent hésite sur ce qu'il doit faire, car il s'agit de lui ! Quel que soit l'entraînement de son cœur, il ne veut pas être juge et partie dans sa propre cause. Il convoque donc des ecclésiastiques éminents et leur soumet cette très difficile question. « De graves raisons, concluent-ils, semblent vous permettre de vous tenir à l'écart; votre présence est tout au plus conseillée par l'esprit de la perfection évangélique. » Le zélé pasteur n'avait besoin que de cette concession « Puisqu'il est plus parfait de continuer, je continuerai, répliqua-t-il instantanément avec une indicible satisfaction; j'y suis obligé, car l'épiscopat est un état de perfection acquise. »

Et après avoir réglé les affaires générales du diocèse, tout prévu par un testament où il instituait pour son légataire universel le Grand-Hôpital de Milan, le voici, le noble Borromée, devenu le confesseur, l'infirmier, le domestique des pestiférés sans acception de personnes; s'il a une préférence, c'est pour les plus abandonnés ou les plus nécessiteux.

N'essayons pas de raconter en détail ces jours et ces nuits passés au service des malades et de leurs familles. Les traits épars de cette héroïque charité formeraient à eux seuls un volume. Citons simplement cette phrase du procès de sa canonisation, elle suffit. « Il vend son argenterie, ses meubles, ses œuvres d'art qu'il estimait davantage ; il dépouille son palais de toutes les tapisseries, il vide ses armoires, il transforme, il découpe tout son linge, si bien que l'habitation archiépiscopale ressemble à une maison depuis longtemps abandonnée. »

Et détachons ce fait particulier. Une multitude de domestiques et d'ouvriers congédiés erraient sans asile et sans pain dans les rues. Nul d'entre eux ne pouvait en sortir, parce qu'aux environs de Milan on veillait sévèrement de crainte de l'invasion du fléau. Ne sachant que devenir, exténués, ils s'en vont tous ensemble s'agenouiller devant la demeure de Charles, qui n'écoutant que l'inspiration de son cœur, leur dit : *Je me charge de vous, mes enfants!* Mais comment acquittera-t-il sa parole? Il ne lui reste absolument rien. Il n'est plus une porte où il puisse frapper. Voici Dieu qui instantanément récompense cette foi *capable de transporter les montagnes*. A cinq lieues de la ville est le château de la Victoire, appartenant à notre roi François Ier. Il en obtient la jouissance, y envoie des Franciscains, et là, au moyen de ressources dont il a seul le secret, tous ces délaissés sont entretenus jusqu'à la fin de la peste.

L'expérience et l'histoire constatent les conséquences désastreuses de la peur sur une population en proie à une épidémie quelconque, tout le monde sait que le courage est la première des conditions du triomphe à remporter sur le mal, et qu'en son absence la mort, au lieu de décimer les hommes, les moissonne comme la faulx les épis mûrs. Or, qui dira le nombre des maladies évitées, des guérisons obtenues rien que par le spectacle des actes courageux du noble pontife. A-t-on vu en effet longtemps des fils hésiter devant le danger, quand, sous leurs yeux, leur père l'affronte résolument; des soldats fuir ou se cacher lorsque l'épée à la main leur capitaine court sur l'ennemi? « Cent trente-quatre ecclésiastiques, disent les historiens, périrent victimes de leur dévouement sur le théâtre même de la désolation. » (*Histoire de l'Eglise*, par le cardinal Galuffi.) Encore une fois, Dieu seul sait le bien dû au courage montré par Charles et cette légion de collaborateurs qu'animait son héroïsme invincible. Soixante mille personnes furent atteintes par la contagion. Toutes ne succombèrent point; les historiens nous en indiqueront plus loin la vraie cause; mais ce chiffre, qui dit la quantité des souffrances, dit aussi la quantité des héros de la charité.

N'oublions pas que, ne pouvant se trouver toujours en chaire, ni stimuler continuellement son clergé, il fit imprimer et répandre à profusion un opuscule qu'on appelle à bon droit le *livre d'or des pestiférés*. Dans ce recueil, il reproduisait en substance ce que les premiers siècles nous ont transmis de relatif aux devoirs et aux œuvres des chrétiens en présence de semblables calamités, et les merveilles opérées par le courage des disciples de la croix mises en regard des désastres causés par la lâcheté et l'égoïsme des païens. Il y avait joint une lettre de saint Denys d'Alexandrie félicitant ceux qui après avoir veillé sans crainte au chevet des moribonds, lavaient leurs corps infects et les enveloppant d'un linceul, les déposaient eux-mêmes pieusement dans une terre bénite; deux sermons de saint Cyprien de Carthage, une homélie de saint Grégoire de Nazianze, deux de saint Grégoire de Nysse et une lettre spéciale adressée par l'évêque d'Hippone aux religieux et aux prêtres, et précisant la gravité de l'obligation où ils sont de ne pas abandonner leurs frères dans les temps de dangers ou de persécution. Quelques mots de Grégoire XIII aux Milanais complétaient ce petit volume, où tous puisaient l'espérance et la consolation.

Un fragment de ce *vade mecum* du pestiféré nous donne l'idée de sa composition; qui ne croirait lire une page des *Lamentations* de Jérémie :

« O pauvre ville de Milan ! ta grandeur s'élevait jusqu'au ciel, tes richesses se répandaient jusqu'aux contrées les plus lointaines; une infinité d'hommes et d'animaux se nourrissaient de ton superflu; de tout côté t'arrivaient des ouvriers et des commerçants; les gentilshommes quittaient leurs campagnes pour habiter ta riante enceinte ! Et voilà qu'en un moment toute ta grandeur a été renversée, ta magnificence a disparu ! Dans un clin d'œil, la confusion et le mépris t'ont couvert la face, et tu es devenue le jouet de la fortune. Renfermée maintenant dans tes murailles, tu en es réduite à garder tes marchandises qui ne peuvent sortir. Tout le monde t'a quittée et personne n'ose plus s'approcher de toi pour se nourrir de tes fruits, jouir de tes franchises, se vêtir de tes étoffes et se prévaloir de toutes ses commodités. Les grands et les petits, les riches et les pauvres te fuient... Si quelqu'un est assez hardi pour s'approcher de toi, il est frappé de la peste ou il en est soupçonné. Et alors il est contraint d'aller se réfugier dans de pauvres cabanes où il est bien heureux de trouver seulement de la paille pour se couvrir et se coucher; car tous n'en ont pas, plusieurs sont obligés de s'étendre sur la terre nue exposés aux rigueurs des nuits. Que dirai-je de plus? Milan mourrait de faim, s'il n'envoyait mendier dans de pauvres villages. Malheureuse ville, comme la justice de Dieu t'a frappée!... »

Telle fut la désolation de Milan pendant six ou sept mois, et tel le rôle sublime de Charles dans ces circonstances, que cinquante-trois ans après, un mal inconnu envahissant encore la grande cité, reçut le nom de *peste de San-Carlo*. « Tant est forte, comme le remarque le célèbre Manzoni, la puissance de la charité qui fait prévaloir la mémoire d'un seul homme sur celle de l'infortune et des malheurs de tout un peuple. C'est que la charité avait inspiré à cet homme des sentiments plus grands que le mal lui-même. »

Plaignons donc l'âme assez aveugle pour ne voir dans le cardinal Borromée que l'homme agissant conformément aux penchants de la nature. Répétons-le aux philosophes et aux philanthropes : Dieu, Dieu seul inspire et produit de pareils dévouements. Cherchez dans les annales de l'Eglise et vous trouverez ce principe divin reproduisant toujours et partout plus ou moins les mêmes actes, les mêmes sacrifices ; mais hors de l'Eglise vous ne les rencontrerez nulle part. Pour nous borner à un exemple, voyez l'Algérie, ruinée par les sauterelles, la sécheresse et la famine ! Qu'y a fait, qu'y fait encore son vénérable archevêque, sinon ce qu'a fait Borromée? Dirigé par les mêmes pensées, il a agi au nom du même Jésus. Heureux qui voit dans les saints la preuve saisissante de la divinité de leur foi !

La reconnaissance, vertu humaine trop souvent méconnue, s'élève dans les cœurs comme celui de Charles, à toute la hauteur des bienfaits reçus. « Je vous prie, mon cher lecteur, dit le P. Giussano, de réfléchir sur tout ce que ce grand saint fit pour que la disparition du fléau tournât à la gloire de Dieu et au bien spirituel de son peuple. » Et l'historien détaille les nombreuses cérémonies sacrées ou actions de grâces décrétées par le pontife à cette intention.

La peste avait duré plusieurs mois, mais répétons que lui le premier en annonça publiquement la cessation ; miraculeusement averti par le ciel, alors qu'il y avait encore des malades, il mit fin à des règlements préservatifs qui n'étaient plus que gênants ou nuisibles. Il affirma lui-même cette consolante nouvelle dans un *mémorial* qui nous est resté.

« ...Je vous prie, mes enfants, de considérer une chose qui vous fera connaître clairement la grandeur du bienfait que vous avez reçu... Au lieu que comme auparavant la peste ravageât une infinité de paroisses, il n'y en a pas une maintenant, par la miséricorde de notre Seigneur, qui n'en soit exempte. » Au 7e chap. du même livre, il redit avec la même assurance : « Ne perdez jamais la mémoire de cette délivrance miraculeuse, et qu'il n'y ait pas un seul jour où vous ne vous en ressouveniez. » Ailleurs, frappé de ce que sur plus de cent mille personnes atteintes dans son diocèse, vingt-trois mille seulement avaient péri, et de ce que le mal avait cessé presque soudainement, il dit : « Cette délivrance si prompte n'a point été le résultat de notre prudence qui, aux premières nouvelles du mal, parut si étonnée et toute déconcertée ; ce n'a point été la science des médecins qui, jusqu'à présent, bien loin de savoir les remèdes de ce mal, n'ont pas même pu en découvrir les causes ; ce n'a point été de la charité pour les malades, puisque dès le début ils étaient abandonnés de tous. Publions-le donc à jamais, chers enfants, c'est Dieu qui nous a délivrés ; il a fait la plaie et il l'a guérie ; il nous a châtiés, et en même temps fortifiés pour souffrir. Si d'abord il ne nous a pas exaucés, c'est afin de nous donner plus de temps pour nous convertir. »

Une circonstance importante signale la composition de ce mémorial ; accablé de fatigue, et la santé ruinée, c'était cependant sur son sommeil des nuits, déjà trop court, qu'il prenait le temps de l'écrire. Mais Dieu soutenait visiblement sa faiblesse. Aussi mainte fois arriva-t-il qu'il s'endormait en dictant à son secrétaire ; celui-ci se gardait de l'éveiller, et bientôt, tout étonné, il l'entendait continuer sa phrase sans s'en faire relire le commencement. Ce qui paraissait au secrétaire un sommeil naturel, des personnes plus intelligentes le regardaient comme une sorte d'extase, au moins un mystérieux recueillement. » (GIUSSANO.)

Remarquons enfin que Charles perpétua le souvenir de la reconnaissance des Milanais par des monuments publics et durables. Les autels qu'on avait dressés çà et là pour les haltes de la procession pendant la peste, non-seulement ne furent pas renversés après le chant des *Te Deum*, mais encore reçurent des améliorations de manière à les mettre à l'abri du ravage du temps. Une haute et forte croix de fer fixée dans de larges pierres de taille, entourée d'une balustrade en métal indestructible, fut jointe ou substituée à ces autels. Et là chaque jour les fidèles étaient engagés à venir prier le Dieu dont le saint pontife ne cessa jamais de leur rappeler la justice miséricordieuse.

Hélas! que de maux depuis longues années envahissent à la fois tous les pays de la terre! Inondations, sécheresses, famine, choléra, maladies inconnues, guerres étrangères ou civiles; que de calamités, d'effusions de sang, de ruines, appauvrissent et désolent incessamment les nations les plus fières de leur science et de leur civilisation! Pour détourner ces fléaux sans nombre, évêques et simples pasteurs de campagne suivent sinon l'exemple, du moins tiennent identiquement le langage de Charles. Or, combien d'âmes dédaignent cet enseignement, se faisant ainsi de ce monde un lieu de larmes, de peines et de souffrances, sans consolation ni espoir, et de la vie qui ne doit pas finir un abîme certain de douleurs encore plus intolérables!

VIII. — Nouvelles fondations et œuvres de Charles.

Le mal était grand dans la chrétienté lorsque l'Esprit saint convoqua à Trente les pontifes de la catholicité entière et leur inspira les mesures propres à sauver les peuples, si ces peuples voulaient être sauvés. Une de ces mesures plus nécessaires et plus urgentes décrétées par les Pères fut, nous l'avons dit, la rénovation en Jésus-Christ de ces maisons d'hommes ou de femmes qui, après avoir été longtemps l'asile des plus mâles vertus, autant de foyers d'où rayonnaient au loin la lumière et la charité, étaient devenues en partie des centres de bassesses et de hontes. Substituer par exemple à cette hideuse demeure de la Scala possédée par *les humiliés*, des religieux observateurs fidèles des trois vœux de pauvreté, de chasteté, d'obéissance, c'était du même coup frapper au cœur le scandale et rendre au bon exemple cette puissance à laquelle le plus vicieux ne saurait résister longtemps. Et comme de toute part se trouvèrent d'immenses misères d'âme et de corps, il fallait, pour y remédier ou les faire disparaître, créer partout de saintes phalanges avec leur vocation et leur mission spéciales.

Aussi bien l'illustre promoteur et interprète des prescriptions de Trente fut-il un des premiers à les mettre à exécution. Nous allons indiquer ces principales œuvres pour que prêtres, religieux et religieuses, chacun selon sa vocation et ses règles, coopérât au bien qu'il projetait.

Les deux premières fondations furent comme la conséquence des ravages de la peste. Le fléau avait rendu orphelines beaucoup de jeunes filles pauvres. Déjà le bon pasteur s'était occupé d'elles en les plaçant partout où il avait pu; mais il sentait qu'en les réunissant, il serait plus facile de les soustraire aux dangers que leur innocence et leur instruction chrétienne devaient nécessairement courir par l'absence de surveillance particulière; de plus, tout faisait espérer qu'on trouverait aisément parmi ces enfants bien élevées, des âmes providentiellement disposées pour glorifier un peu plus tard la religion, soit en entrant dans des communautés, soit en retournant au milieu du monde qu'elles édifieraient sans doute rien qu'en restant reconnaissantes envers Dieu, qui lui-même avait eu si visiblement pitié d'elles.

Il acheta donc une petite propriété, y fit construire une maison très simple, mais très vaste, et une chapelle, entourées de terres et de jardins. Là il plaça quelques sœurs de Sainte-Ursule et confia à leur direction toutes les pauvres orphelines que Dieu lui envoya. Les effets de sa charité ne tardèrent pas à répondre à son attente. *Sainte-Sophie* devint un orphelinat-modèle qui mérita l'intérêt et la bienveillance de la ville entière. La vie des saints n'étant au fond que la preuve vivante de la divinité de la morale évangélique, nous nous reprocherions d'omettre ici que l'exemple de saint Charles a toujours été suivi dans l'Eglise et en France particulièrement. Ainsi à Paris existe encore l'*œuvre des enfants du choléra*, créée par monseigneur de Quélen, archevêque de Paris, et continuée par ses successeurs; dans notre Algérie celle des *jeunes Arabes*, que monseigneur Lavigerie a fondée et qu'il soutient, Dieu seul sait au prix de quelles fatigues, de quels sacrifices. Au moment où nous écrivons ces lignes, quelles luttes douloureuses ne soutient-il pas contre les manœuvres hypocrites et perverses d'hommes influents qui, de parti pris, en haine de l'Eglise, condamnent et empêchent le bien qu'elle veut faire !

Vers ces mêmes jours, Charles s'occupait d'assurer l'avenir de cette multitude de pauvres qu'il avait sauvés de la faim et de la peste, dans une partie des bâtiments du château de la Victoire. Transférant les religieuses de l'*Etoile* qui étaient au faubourg de la porte Verceline, il établit dans leur monastère l'*hospice des mendiants*. Ses privations, plus que les dons publics, élevèrent et entretinrent cette maison, qui sous la direction d'un ecclésiastique, retira du vagabondage et des vices qui en sont la suite cette quantité, hélas ! trop considérable de malheureux qui, malgré les efforts de l'administration, se rencontre toujours dans les grands centres de population. Distribuer avec intelligence l'aumône matérielle à ces mendiants plus ou moins auteurs de leurs souffrances, mais de manière à leur inspirer la crainte de Dieu et l'amour de la croix, voilà ce que voulut le digne pontife. Et c'est ainsi qu'il continuait de montrer à la terre que la religion n'a jamais cessé de se préoccuper des faibles et des déshérités des biens de ce monde, d'apaiser dans la mesure de sa puissance toutes les douleurs, de sécher les larmes du moindre de ses enfants. Mémorable enseignement ! L'état actuel des sociétés n'a-t-il pas prouvé suffisamment que tout *asile*, tout *dépôt* de *mendicité*, élevé dans une pensée matérielle, ne sera jamais qu'un coûteux et repoussant spectacle de convoitises insatiables et d'ingratitudes haineuses ; que triste sans doute est le dénuement du corps, mais que bien plus désolant est celui de l'âme.

En 1578, Borromée fonda définitivement sa maison de prédilection, son œuvre capitale. Nous avons parlé plus haut des *Oblats de saint Ambroise*. Dès son arrivée à Milan, il avait eu à bénir Dieu d'avoir pris pour auxiliaires immédiats quelques prêtres sous sa direction immédiate. Aussitôt donc qu'il lui fut possible, il s'occupa de donner à cette œuvre plus d'extension et d'ensemble. Pour cela, il leur affecta l'église du *Saint-Sépulcre* et le monastère qui en dépendait.

Dire que deux cents religieux furent de jour et de nuit à la disposition du saint pour seconder le zèle des pasteurs des paroisses, pour aller partout catéchiser, prêcher, administrer les sacrements jusque dans la dernière des bourgades, pour organiser des écoles ou des congrégations laïques destinées à des œuvres de charité ou de piété ; ajouter que l'esprit de Charles animait tous ces cœurs d'apôtres, c'est dire dans un seul mot l'amélioration qui dut en résulter pour l'Eglise de Milan.

Si ces prêtres s'engageaient par un vœu spécial à obéir instantanément aux ordres du pontife, c'est qu'ils ne trouvaient en échange, de sa part, que la plus paternelle tendresse. Son bonheur était de venir au milieu d'eux, de partager leurs repas, leurs travaux, leurs joies et leurs peines. Etaient-ils malades, il s'occupait d'eux comme un père de ses enfants. Il ambitionnait la charge d'être leur infirmier. On a retenu ce fait : le supérieur, qui voyait le cardinal épuisé lui-même de fatigue, soigner un religieux, le pria de ménager sa santé si précieuse. « Vous ne savez donc pas, lui répondit le généreux pontife, de quel prix est la vie d'un bon prêtre. » Ce même Père ne douta jamais que la guérison instantanée ne fût due à la miraculeuse prière du doux pontife.

L'œuvre *des Oblats de saint Ambroise* réussit au-delà des pieux désirs de Charles. Partout on les demanda; les pasteurs le moins bien disposés ne tardèrent pas à solliciter leur concours et à prendre des habitudes nouvelles au contact de leur ferveur. « L'intention du saint fondateur fut accomplie; l'on regarde l'établissement de cet institut comme une des plus belles œuvres de sa vie. » (GIUSSANO.)

A cette congrégation du *Saint-Sépulcre*, il attacha par les liens de la prière et la pratique obligatoire de quelques-unes des mêmes bonnes œuvres, une affiliation d'hommes vivant au milieu du monde dans les conditions ordinaires de la société. Le bien immense que les *conférences de saint Vincent de Paul* et les *sociétés ouvrières de saint François Xavier ou de saint Joseph*, produisent autour de nous, rappelle sans doute les effets de l'apostolat de ces nombreux laïques gouvernés et inspirés par Charles ou par ses plus dignes collaborateurs.

La rénovation des mœurs produite par la peste, c'est-à-dire par les réflexions que suggère la mort avec ses terreurs, permit aussi à Charles d'organiser en une sorte de congrégation son œuvre des *Dames de l'Oratoire*. Habitués de nos jours à admirer et à bénir l'apostolat de nos *Dames de la maternité*, de nos *Mères chrétiennes*, de nos *Tertiaires* de divers ordres, etc., dans nos moindres villes, gardons-nous de diminuer les mérites de Charles dans son institution des *Dames de l'Oratoire*. Pour les apprécier, qu'il nous suffise de rappeler les désordres sans nombre qui excitèrent ses gémissements et épuisèrent sa vie dès le jour où Pie IV le chargea malgré lui du gouvernement spirituel de Milan. Oui, tenons compte de cet état des âmes, de la puissance des vices invétérés et d'habitudes désordonnées et impies. Une institution doit être jugée moins par les succès sensibles obtenus que par les difficultés vaincues pour la créer et la maintenir florissante. Telle œuvre naît ici et prospère d'elle-même, qui là quoique restant à l'état de projet ou languissante, a coûté cependant bien plus d'efforts d'intelligence et de sacrifices, et par conséquent glorifie davantage son auteur.

Tout catholique en état de raisonner sa foi,

sait combien sont utiles et chères à l'Eglise ces abbayes d'hommes ou de femmes consacrées uniquement à la vie contemplative. Imitatrices du Dieu qui, par ses larmes, ses souffrances et sa croix nous a sauvés, ces âmes s'efforcent jour et nuit de compléter *ce qui manque au calice de sa passion*, selon le mot de saint Paul, en se crucifiant comme lui entre les impénétrables murailles où elles ont fait vœu de mourir oubliées et inconnues de la terre. Vous seul savez, ô mon Dieu, les miséricordes qu'ont obtenues de votre justice vaincue les supplications et les œuvres des filles de Thérèse, de Claire, de Jeanne de Valois, de Jeanne de Chantal ; des disciples de Norbert, de Bruno, de Bernard, du patriarche d'Assises !

Une maison de femmes pratiquant rigoureusement les austérités de la vie contemplative manquait alors à Milan. Voyant la nécessité d'offrir aux communautés déjà existantes les types de cette sorte de religieuses, Charles fit appel à la piété de quelques vierges ou veuves. Sa voix fut entendue et comprise. Au bout de quelques mois, il put former avec elles le *monastère de Sainte-Praxède*, du titre même de son cardinalat. Ce cloître modèle de l'accomplissement des conseils évangéliques réalisa jusqu'au iota les règles les plus dures dictées par sainte Claire. Le pieux archevêque, qui avait à ses frais tout prévenu pour que ses filles, sans préoccupations de leurs besoins matériels, s'immolassent entièrement à notre Seigneur, eut la consolation de les voir non-seulement augmenter en nombre, mais encore fonder des colonies à Pavie, à Crémone etc., et partout devenir des sujets d'édification. Il fut surtout heureux le jour où la comtesse Corona, sa nièce, vint à Sainte-Praxède échanger éternellement contre une robe de bure ses riches vêtements et préférer Jésus à tous les nobles seigneurs qui se disputaient l'honneur de l'épouser.

Dans la même année (1579), Charles ouvrait un troisième refuge aux femmes repentantes. Comme le Sauveur, qui se disait appelé non pour les justes mais pour les pécheurs, il ne cessa pas un instant de sa vie de se préoccuper de ces pauvres âmes dédaignées du monde quoique rachetées comme les nôtres par le sang du Calvaire, et de veiller à ce que dans la solitude tout aidât à sanctifier les larmes de leur contrition.

Mentionnons enfin parmi les œuvres de saint Charles l'érection de plusieurs maisons de jésuites et de frères Mineurs en Suisse ; un collége spécial à Milan pour ces mêmes Suisses qui, chez eux, se trouvaient exposés au prosélytisme protestant, et concluons en disant : Voilà une petite partie des fondations du célèbre archevêque. Travailleur infatigable, il ressemblait à ces architectes qui, selon nos Livres saints, tenaient d'une main le compas, de l'autre le glaive, pour bâtir à la fois et défendre la cité du Seigneur. Quelles victoires sur le mal ! comme l'âme se resserre à la vue de tant de nos frères séparés se croyant dans le vrai chemin de la vérité et de la vertu, parce qu'ils n'ont que du dédain pour ce *réformateur*, et une espèce de culte pour le moine et le prêtre apostats dont la plupart n'osent pourtant plus porter les noms, tout en suivant leur facile *réforme!*

IX. — Vertus de Charles.

Les principes de tous les triomphes humainement inexplicables de Charles étaient, insistons à le répéter, ses vertus héroïques. Consacrant à ce sujet spécial un chapitre entier, détachons quelques traits capables de donner d'elles une idée, en priant le lecteur de nous pardonner de vouloir lui faire admirer un cœur vivant, par l'exhibition de cinq ou six de ses fragments desséchés.

Celui qui descendit pour nous du sein du Père avait dit à ses apôtres : « Soyez mes imitateurs, et, selon le texte sacré, Jésus commença à faire puis à enseigner. » Telle fut la conduite de saint Borromée. Pour renouveler la face de son diocèse, avant de prêcher, il se mit à se prêcher lui-même, il fit d'abord ce qu'il voulait que les autres fissent. Eh! quelle prédication que celle de sa vie publique et privée!

La pénitence nécessaire à l'âme et comme

expiation et comme préservatif du péché semblait inconnue à Milan, même de ceux qui par état devaient en être les prédicateurs et les modèles : de là des désordres de tout genre; de là la domination de la chair et de Satan. Dans un cœur pour qui la Croix est horreur et scandale, que peut-il rester, sinon une plus ou moins grossière idolâtrie des sens? Eh bien! comment s'y prit saint Charles pour rappeler à son peuple l'adoration pratique de la croix?

Si frugale était la table de ce riche gentilhomme que ses domestiques ne s'en contentaient pas. Sa boisson, moins les cas de maladie, ne fut jamais que de l'eau. Afin de s'habituer au jeûne quotidien, il commença par l'observer quelques jours de la semaine; insensiblement, il laissa l'usage de la viande, du poisson, du laitage, si bien qu'il ne se nourrissait plus, surtout en carême, que de pain avec quelques fruits ou légumes. Que devaient penser, de la puissance de la foi, les plus pauvres laboureurs, lorsqu'ils voyaient le pontife qui venait la leur faire aimer s'asseoir à leur table, partager leur pain bis et leurs châtaignes, et se servir de leur grossière vaisselle de terre ou de bois? Telle fut enfin son abstinence, qu'elle devint proverbiale; soumettait-on quelqu'un à un régime alimentaire très rigoureux, on disait : Il est condamné au *remède du cardinal Borromée.*

Malgré la débilité de sa santé, il portait continuellement un rude cilice « conservé dans un

riche reliquaire au grand hospice de Milan. »
(GIUSSANO.)

Son désir d'imiter Jésus crucifié, d'unir ses souffrances aux siennes, se manifestait dans l'attrait qu'avaient pour lui la maladie et la douleur. Nous avons parlé du clou qui lui déchira le pied dans une procession; donnons ici les détails de sa patience héroïque dans cette circonstance.

« Ce morceau de fer, placé à l'ouverture d'un souterrain, dit l'évêque de Novare, lui souleva l'ongle d'un orteil si violemment, que pendant le trajet il sortit de sa blessure une grande quantité de sang; cependant, il ne ralentit pas sa marche. Le médecin appelé, au retour de la procession, pour visiter sa plaie, lui ayant dit qu'il fallait absolument arracher cet ongle, reçut cette réponse : Différez cette opération, parce j'ai à remplir demain des fonctions dans mon église; bornez-vous à envelopper la plaie si vous le jugez à propos. Le troisième jour, le docteur fut appelé pour exécuter ce qu'il croyait nécessaire à la guérison. Ce fut alors, ainsi qu'il l'atteste, qu'il fut jeté dans le plus profond étonnement. « Pendant que je lui arrachais l'ongle, en agrandissant la plaie, dit-il, j'avais horreur moi-même de la douleur que je devais lui causer, tout habitué que je fusse aux opérations de cette nature; néanmoins, il ne parut ni par ses gestes ni par sa voix, ni même par un soupir, que sa patience fût éprouvée. »

Dormant très peu chaque nuit, il passait cependant en oraison celle qui précédait les fêtes solennelles ; ce court sommeil, il le prenait sur une paillasse, et nous avons vu que pendant la peste sa couche était le plancher nu. A ceux qui le pressaient de chercher autrement un repos nécessaire, il objectait l'exemple de Jacques Médicis, son oncle, qui dormait souvent ainsi. « Dois-je moins faire qu'un capitaine, ajoutait-il ; n'ai-je pas aussi moi à guerroyer nuit et jour contre le démon ? »

Un passage des écrits de Louis de Grenade fournit la preuve la plus authentique des mortifications corporelles de saint Charles. Ce célèbre dominicain qui, selon Grégoire XIII, avait fait plus de bien par son *Guide du pécheur*, son *Traité de l'oraison*, que s'il avait rendu la vue aux aveugles et même la vie aux morts, évangélisait le Portugal. C'est de ce théâtre exclusif de son apostolat qu'ayant entendu parler des austérités du cardinal, il crut devoir lui écrire de les modérer dans l'intérêt de l'Eglise, et voici la réponse qu'il reçut : « Chrysostôme, Sérapion, Basile, Jérôme et tant d'autres, n'ont-ils pas pratiqué une pénitence plus sévère que la mienne, et leur existence en a-t-elle été abrégée? Une vie sobre, les païens eux-mêmes l'ont reconnu, et je le sais par expérience, est essentiellement conservatrice de la santé et de la force. »

Prononçant son oraison funèbre, l'évêque d'Asti citait ce fait : « Visitant avec lui une vallée extrêmement froide et humide, je le trouvai la nuit étudiant enveloppé d'un simple manteau presqu'en lambeaux. Je lui représentai que c'était s'exposer à mourir de froid que de ne pas se mieux couvrir. « Je n'ai pas autre chose, me répondit-il en souriant; mon autre vêtement appartient à ma dignité publique de cardinal. »

Cet emploi que Charles faisait du temps, nous amène à dire que dès le jour où il prit rang dans la hiérarchie sacrée, il se fit un rigoureux devoir de conscience de ne rester jamais inoccupé. Nous avons parlé de son court sommeil habituel. Ajoutons que laissant les gens de sa maison libres de se reposer, poussant la bonté jusqu'à ôter sa chaussure de peur de les éveiller quand il passait devant leurs chambres, il s'en allait, lui, longtemps avant l'aurore, dans son oratoire ou sa cellule prier, méditer ou prendre la plume. Pendant ses repas, il écoutait une lecture, il dictait des lettres; quelquefois, ne quittant pas son travail, il dînait en se suffisant de quelques bouchées de pain et d'un peu d'eau apportés sur un coin de sa table. Pour lui point de délassements, point de récréation proprement dite; l'heure qui suivait ses repas était consacrée à interroger, instruire et exhorter ses prêtres.

Ici, déduisons au moins de sa vie cette conclusion pratique sur l'emploi du temps. De quelle quantité de travaux n'est pas capable un homme simplement doué des dons ordinaires de la nature, lorsque comme Charles il a en horreur le repos, en dégoût le monde et la frivolité ? Charles est mort à quarante-six ans. Or, s'il n'eût aussi scrupuleusement *employé tout son temps*, demandez-vous comment, vu les heures que lui prenaient ses prières et ses offices obligatoires, ses visites minutieuses et incessantes dans son vaste diocèse, ses séances régulières où il présidait les commissions de tant d'œuvres d'un genre différent, sa correspondance quotidienne avec Rome, avec un clergé et des communautés si nombreuses, etc., il aurait pu préparer et examiner les matières à discuter dans onze synodes diocésains et six conciles provinciaux, rédiger des mandements doctrinaux et disciplinaires, écrire des livres de piété, laisser en un mot, comme moraliste, prédicateur et théologien, un nom célèbre dans les fastes de l'Eglise.

Pourquoi parler de sa foi, de sa piété ? Nul n'approchait de lui sans en ressentir l'ardeur. Priait-il, on eût dit que tous ses sens, toutes ses facultés s'absorbaient dans cet exercice ; quelle qu'en fût la durée, il ne voyait, il n'entendait plus rien de ce qui se passait à ses côtés ; la ferveur de son oraison n'avait d'égale que la jouissance des consolations divines dont il surabondait ; grâces miraculeuses qu'il s'efforçait vainement de cacher. Au saint autel surtout ou au pied du tabernacle, son attitude seule traduisait sa croyance profonde à la présence réelle de notre Seigneur.

S'attachant à glorifier et à défendre l'Eglise contre les blasphèmes particuliers des hérétiques, il ne négligea aucune circonstance propre à raffermir les fidèles. Ainsi le culte des saints, des reliques, des images, fut toujours l'objet de sa pieuse attention. Trois fois il fit le voyage de Turin pour y vénérer le suaire qui, selon la tradition, avait enveloppé le corps du Sauveur. Il donnait la plus grande solennité aux fêtes des saints, il mettait tout en œuvre pour découvrir leurs restes, les transférer et leur assurer ainsi les religieux hommages auxquels ils avaient droit.

Voulant que les choses de Dieu fussent traitées saintement, il traçait à tous par son maintien dans l'administration des sacrements, dans l'assistance aux offices ou cérémonies, ce que devaient être en ces moments leurs pensées et leurs actes. Par suite du même principe, c'est-à-dire parce qu'il rapportait à tout homme ou à toute chose qui lui rappelait plus particulièrement notre Seigneur, une partie des sentiments dont il était pénétré pour Jésus lui-même, il ne lisait l'Ecriture sainte qu'à genoux ; il accueillait les évêques et les simples prêtres avec un sensible respect, gardait précieusement les moindres lignes que lui écrivait le Saint-Père, après les avoir portées dévotement à ses lèvres. Si grande était chez lui cette déférence pour les ecclésiastiques, qu'on ne le surprit jamais les traitant dédaigneusement, leur adressant des paroles amères, ou appelant sur eux la honte, alors qu'à son égard surtout leur conduite était odieuse et coupable. Ils étaient oints de l'onction sacerdotale; cela lui suffisait pour ne plus voir en eux des hommes ordinaires.

Le même motif inspirait son inaltérable bonté pour les pauvres. A tous il les préférait, car à ses yeux aucune dignité de la terre n'égale celle de ces malheureux que Jésus a nommément proclamés ses premiers représentants, d'autres Lui-même, les continuateurs privilégiés et plus directs de sa mission au milieu de nous.

Aux faits qui dans ces pages disent l'humilité de Charles, ajoutons le silence qu'il garda toujours sur sa haute naissance. A une époque où les titres de noblesse, la grandeur de la fortune donnaient comme des droits à l'orgueil, à la domination, l'illustre cardinal, loin de chercher à s'en prévaloir, n'y trouvait que des motifs de confusion devant Dieu et de plus rigoureuses obligations d'honorer et d'encourager ses semblables. De crainte de s'oublier sous ce rapport, il avait imposé à deux de ses meilleurs prêtres la charge de l'avertir sans crainte toutes les fois qu'ils lui verraient faire une chose répréhensible; et il accueillait avec reconnaissance les avis quels qu'ils fussent de ces rigides moniteurs.

Enfin Charles, et par sa parole et par ses actions, obtenait visiblement des succès immenses sur les âmes et des témoignages de respect et d'affection propres à lui donner de lui-même une haute idée d'estime. Il savait, à n'en pas douter, que Dieu ne lui refusait pas de grandes grâces surnaturelles, et même mainte fois le don des miracles. Et cependant, « il ne se regardait que comme un amas d'imperfections ; quelque humiliation ou outrage qu'il éprouvât, il était intimement persuadé qu'une faveur divine le châtiait de son indignité. » (Giussano.)

Un jour, en visitant des bourgades voisines du Lac-Majeur, il tomba malade et fut obligé de se coucher sur le grabat d'un pauvre pâtre. Arrêté là malgré lui, dépourvu de soins et ne voulant point appeler de médecins, il vit venir l'évêque de Ferrare, qui fortuitement avait été instruit de ce fait. Telle est l'émotion du visiteur en face du spectacle qui lui est offert, que la parole expire sur ses lèvres. Devinant la cause de sa stupéfaction, le vénérable malade, quoique dans un violent accès de fièvre, lui tend aussitôt la main en disant avec un sourire céleste : « Mais vous voyez que je suis fort bien ici ; Dieu me traite mieux que je ne le mérite. » (Procès de la canonisation.)

Mais l'habitude qui révèle mieux son humilité est celle qu'il avait de se confesser tous les matins. Quelle instruction, Seigneur, pour tant d'hommes qui se disant irréprochables et assez forts, passent de longues années sans approcher du confessionnal? Luther et Calvin prétendaient *réformer* l'Eglise en abolissant la confession, parce que d'abord eux-mêmes n'y trouvaient qu'un *joug intolérable*. Mais, de bonne foi, si *se réformer* veut dire s'améliorer, lequel, de l'humble Charles ou de ces prêtres orgueilleux, *se réformait* vraiment; lequel doit nous inspirer à nous plus de confiance?

Ce qui enfin manifesta la sainteté de l'archevêque de Milan, ce fut ce mélange surnaturel de douceur et de fermeté, de tendresse extrême et d'inflexible sévérité qui éclatait dans toutes ses œuvres. Comme le Sauveur, s'il versait des larmes avec les pécheurs, s'il pardonnait à ceux qui ne savaient pas ce qu'ils faisaient, il ne faiblissait pas néanmoins devant les méchants, il n'hésitait pas à humilier publiquement les pharisiens, à stigmatiser les *races de vipères*, à signaler les *sépulcres blanchis*. Cette main, qui guérissait avec tant de charité toutes les plaies, toutes les infirmités, s'arma aussi d'un fouet, et chassait sans pitié *les vendeurs du temple.*

On vit se produire cette double vertu de Charles, surtout dans ses luttes incessantes contre les magistrats de Milan qui, mus par une jalousie, lui suscitèrent toute espèce d'embarras et d'inquiétudes, soit auprès des populations, soit auprès de la cour d'Espagne, et même du souverain Pontife qu'ils prévenaient contre lui. Ferme et inexorable, il confondit les calomnies, il obtint le triomphe des droits de l'Eglise ; mais jamais il n'oublia que ses ennemis acharnés étaient cependant ses enfants, ses frères ; qu'élevés en dignité, ils avaient droit aux égards. Aussi bien l'histoire constate-t-elle que les personnes qui avaient le plus cherché à lui nuire et dont il avait plus énergiquement vaincu la méchanceté, devinrent, un peu plus tôt un peu plus tard, ses affectueuses admiratrices. « Les hérétiques mêmes dont il démasquait sans relâche les erreurs et déjouait les trames, ne pouvaient qu'avec grand'peine dissimuler la vénération profonde qu'ils ressentaient pour lui. » (GIUSSANO.)

Telle était l'éminence des vertus du saint pontife que, même de son vivant, Grégoire XIII qui les connaissait intimement, loin de vouloir réfuter les calomnies des chefs de Milan contre lui, se bornait à cette réponse comme à un argument sans réplique :

« Ce cardinal est l'honneur de notre sacré-collége, c'est un ange du ciel et non pas un homme. J'estimerais le Saint-Siége bienheureux d'en avoir beaucoup de semblables à lui. Je n'ai qu'un seul neveu, qui part demain pour la France, mais je ne veux point qu'il y aille sans avoir reçu sa bénédiction, qui, je l'espère, lui profitera beaucoup. »

Un siècle et demi plus tard, l'illustre de La Motte, évêque d'Amiens, disait à tous dans cette naïve réponse adressée à des mondains comment il appréciait le doux cardinal : « On me dit qu'il ne faut pas être singulier, mais qu'on me dise s'il y eut jamais un évêque plus singulier que saint Charles. On ajoute que c'est un prélat inimitable ; mais à Dieu ne plaise que je pense de la sorte, car Dieu ne donne pas ses saints pour les admirer seulement, mais pour les imiter chacun selon sa grâce, de plus ou moins près. »

Chacun selon la grâce de Dieu ! Retenons cela, vous et moi, chers lecteurs ; que ces pages ne nous soient donc pas un vain objet de curiosité !

X. — Charles préside son onzième synode diocésain. — Ses derniers travaux. — Sa maladie. — Sa mort. — Son culte.

Analysons les derniers actes de la trop courte vie de notre saint pontife, en partant de son onzième synode (avril 1584.)

Inspirer à son clergé et à ses maisons religieuses le souvenir pratique de leur vocation et de leurs vœux, telle fut, avons-nous dit, sa préoccupation constante. A la manière dont il présida son onzième synode, on remarqua que ses conseils et ses recommandations ressemblaient aux paroles testamentaires d'un père qu'on ne doit plus revoir. Les soixante pasteurs principaux qui habitaient avec lui son palais, le virent pendant plusieurs semaines, à chaque séance, poser les questions, émettre ses pensées, recueillir les avis, prendre des notes, avec une sollicitude plus minutieuse et active. Et pourtant il était si fatigué, si malade, qu'il ne pouvait même pas quitter l'espèce de lit sur lequel il était étendu au milieu d'eux ! En un mot, par son insistance à tout prévoir, à tout préciser, à ne rien établir de provisoire, par son affection pour eux plus délicate et plus expansive, par une sorte d'adieux que malgré lui ses paroles exprimaient, tous comprirent qu'il les réunissait pour la dernière fois.

Peu après ce synode, Charles, quoique très souffrant et alité, montra comment, chez un saint, l'énergie de la foi triomphe des résistances et des besoins de la nature. Nous tenant en-dehors de la révélation, nous devrions dire que de tels spectacles prouvent à eux seuls la spiritualité et l'immortalité de l'âme. Delfin, évêque de Bresse, mourant, le fait prier de venir le voir. Cette demande parvenait à l'archevêque un dimanche soir, au sortir de l'office auquel il avait assisté. Il part à l'instant, voyage toute la nuit, et ce trajet de vingt lieues ne l'empêche pas de s'occuper immédiatement du moribond, de l'administrer lui-même, de rester à son chevet ; enfin, d'officier à son convoi et de prononcer son oraison funèbre.

En août de la même année, ce pontife « qui, semblable à une lampe, jetait une lueur plus vive à mesure que sa fin approchait, » visite malgré les chaleurs accablantes le canton de Léguan, et en réorganise la défectueuse administration.

Un peu plus tard, il va à Turin vénérer encore le Saint-Suaire, y méditer plus profondément la Passion, sujet pourtant habituel de ses oraisons. Il était à Turin lorsqu'il reçut une requête du duc de Savoie pour revenir y procéder à son mariage avec la fille de Philippe II, qu'il espérait bientôt amener d'Espagne. Il lui fit cette réponse : « Oh ! non, car je n'aurai jamais l'occasion de vous voir. » Elle fut considérée comme l'effet d'une révélation divine ; car bien certainement son affection pour le jeune duc et son illustre beau-père lui aurait fait promettre cette bénédiction, s'il n'avait su de Dieu l'approche de son heure suprême.

Rentré à Milan, il se disposa à sa retraite annuelle. D'habitude, il choisissait un lieu très solitaire pour pouvoir mieux se recueillir, ainsi Notre-Dame de Lorette, le Mont-Alverne, théâtre de la stigmatisation du séraphin d'Assises ; outre la paix, ces sanctuaires lui offraient des souvenirs et des enseignements plus précieux. Cette fois, il se rendit au Mont-Varalle, dans le diocèse de Novare, près de la Suisse. Ce pèlerinage, où « les mystères de la Passion étaient reproduits d'une manière saisissante, » (BRÉVIAIRE) attirait de très loin les âmes pieuses.

Résistant aux prières des Frères-Mineurs à qui il demande un asile, il ne veut pour chambre que la plus pauvre de leurs cellules ; leur nourriture, leur boisson, leur couche, en un mot leur austère genre de vie est adopté par lui dans toute sa rigueur. Pour toute compagnie, il n'a que son confesseur, à qui il se soumet en tout avec la docilité d'un enfant.

Qu'eut de particulier cette retraite qui fut la dernière? Hélas! comment la tiédeur croirait-elle ce que nous allons dire sans l'affirmation de l'Eglise résumant tous les témoignages? Ne tenant point compte des exigences d'un corps usé par les veilles et les douleurs, le grand cardinal passa plusieurs jours, ayant pour lit des planches, pour se soutenir du pain sec et de l'eau. Il redoubla alors ses macérations au point qu'après sa mort on trouva ses reins sillonnés récemment de plaies saignantes ou livides. Ses journées, il les passait presque entières à genoux dans *le saint sépulcre*, chapelle qu'il préférait. Tellement coulaient abondantes ses larmes pendant la célébration de la messe, qu'il lui fallait souvent s'arrêter. Demandons encore une fois que notre cœur comprenne ces choses!

Le 24 octobre, la fièvre l'obligea d'interrompre ses exercices, et le 1ᵉʳ novembre, après avoir adressé de touchantes recommandations aux franciscains, il partit pour Milan, où il arriva dans un état désespéré.

Là, dans la nuit du 3 au 4 novembre 1584, pendant que toutes les paroisses et les communautés du diocèse priaient pour lui, il rendit à Dieu son âme, les yeux arrêtés sur une image de notre Seigneur!

Nous ne reproduirons pas les longues pages de ses historiens sur sa mort et ses funérailles. Tels étaient les sentiments des Milanais, qu'on n'aurait su dire ce qui dominait en eux, de leur piété à le contempler, à toucher son corps, ses vêtements, ou de leur affliction profonde devant la perte irréparable qu'ils éprouvaient. Durant trois jours, il resta exposé dans l'archevêché, et la foule accourue là de tous les côtés était si pressée « qu'en montant et descendant sur le grand escalier du palais, qui est fort large, elle figurait le flux et le reflux d'une mer agitée par des vents impétueux. » (Giussano.)

« Lorsqu'il eut rendu l'âme, dit l'évêque de Novare qui lui administra les derniers sacrements, chacun de nous se hâta de s'emparer de quelques-uns des objets qui touchaient son corps. L'un prit un agnus de cire suspendu à son cou, un autre son chapelet, etc., enfin chacun saisit pieusement ce qu'il trouva à sa portée. Quelques-uns coururent s'emparer d'objets déposés ailleurs. Ce fut un grand sujet de consolation pour ceux qui trouvèrent le fouet teint de sang avec lequel il s'était flagellé sur le Mont-Varalle, et la chemise qu'il portait pendant cette flagellation. Pour satisfaire les assistants, on leur distribua son cilice découpé en petits morceaux; tout le reste qui avait été à son usage, livres, tableaux, vaisselle, fut cherché et enlevé! On envoya à des religieuses, éloignées de Milan, les fragments de la paille sur laquelle il avait couché les derniers jours, dans l'impossibilité où l'on fut de leur faire d'autres présents. »

La mort de Charles ne provoqua pas seulement des regrets et des larmes dans son diocèse, le monde catholique s'en émut. Le clergé surtout, qu'il avait avec une ardeur infatigable moins encore que par ses exemples rendu à la sublime dignité de sa mission, donna mille témoignages édifiants de sa vive douleur. Le cardinal Sirlet, qui prononça son oraison funèbre, n'était que l'écho ou l'organe de l'opinion publique lorsqu'il dit du haut de la chaire sacrée en présence de son cercueil :

« Charles vivant était dans son corps comme dans une prison; son esprit se trouvait toujours au ciel comme dans sa propre demeure; il n'avait rien de la chair que l'apparence.

» Homme par nature, il était un ange par grâce; un exemple de toutes les vertus, le modèle des évêques, l'honneur des cardinaux et le défenseur des bons contre les méchants.

» Il a été le sel, la lumière de l'Eglise, la ville bâtie sur la montagne de Sion, la lampe ardente de l'Evangile. Sel de l'Eglise par sa vie sainte; lumière par sa doctrine et sa prédication; ville par sa force; lampe par les ardeurs de sa charité.

» Il a éclaté par sa foi comme un martyre; car il n'a pas manqué au martyre, mais le martyre lui a manqué; par sa sagesse comme un docteur;

par sa bonne vie comme un confesseur; par sa conduite comme pasteur.

» Il a été un Abel en innocence, un Noé en probité, un Abraham en foi, un Isaac en obéissance, un Jacob en travail, un Joseph en chasteté, un Moïse en charité, un David en humilité, et un Elie en zèle. Il a été un ouvrier jamais oisif, un digne ministre de la vérité, un prêtre tellement rempli de piété, qu'elle le rendait invincible et presque invulnérable; en un mot, il était un trésor de tous les dons du Saint-Esprit. »

On exécuta son testament, qui peut servir de modèle à tous ceux que Dieu a favorisés des biens terrestres. Prévoyant les moindres détails, il avait désigné, par une clause spéciale, le lieu où il voulait être enseveli dans sa métropole; pour le tombeau, il avait composé cette épitaphe :

CHARLES, CARDINAL DU TITRE DE SAINTE-PRAXÈDE, ARCHEVÊQUE DE MILAN, POUR MIEUX IMPLORER LA PRIÈRE DU CLERGÉ, DU SEXE DÉVOT ET DU PEUPLE, A CHOISI CE SÉPULCRE PENDANT QU'IL VIVAIT.

On y ajouta : IL A VÉCU QUARANTE-SIX ANS SIX MOIS UN JOUR; IL GOUVERNA CETTE EGLISE VINGT-QUATRE ANS HUIT MOIS VINGT-QUATRE JOURS, ET MOURUT LE 24 NOVEMBRE 1584.

Le culte de saint Charles commença parmi la population milanaise dès le jour de sa mort. Des miracles accomplis dans ses dernières heures, joints à ceux qu'il avait opérés pendant sa vie donnaient à tous une confiance qu'ils venaient d'obtenir dans le ciel un nouveau protecteur puissant. En 1601, bien que l'Eglise n'eût encore rien prescrit à cet égard, les demandes de sa canonisation devinrent si nombreuses et motivées par des raisons si graves, que Clément VIII, en 1604, c'est-à-dire seulement vingt années après son décès, le proclama *Bienheureux*.

Continué par Léon XI, le procès eût été très prochainement terminé sans la mort prompte de ce pontife, après vingt-sept jours de papauté. On ne saurait douter de cette conclusion rien qu'à la lecture de la lettre où il recommandait aux évêques de poursuivre activement leurs enquêtes : « Non-seulement, disait-il, j'ai connu parfaitement sa sainteté, mais encore il a eu la bonté de me communiquer plusieurs de ses pensées éminemment saintes. J'ai vu de mes yeux une infinité d'actes de vertu de la plus haute perfection chrétienne, et je ne craindrai point d'affirmer que de ma vie je n'ai connu un plus grand serviteur de Dieu. Aussi ai-je le plus grand désir de m'employer à la canonisation d'un si digne cardinal, à qui le Saint-Siége a de très grandes obligations. »

Ce vœu accompli reçut son exécution neuf ans plus tard, sous Paul V, qui a fixé au 4 novembre la fête de Charles.

Les reliques du saint furent renfermées dans

une châsse très précieuse, au fond d'une magnifique chapelle souterraine, bâtie sous la coupole de la métropole. *Dieu, dit l'Ecriture, honore les humbles, il élève ceux qui pour lui ont méprisé le monde et ses faux biens.* En voici une preuve. Ecoutons un voyageur contemporain : « Cette chapelle est si riche qu'on ne l'estime pas moins de cinq millions... Les murs sont revêtus de bas-reliefs d'argent qui s'élèvent du sol jusqu'à la voûte. Ils sont séparés les uns des autres par de belles tentures de satin cramoisi broché en or. Le corps du saint est renfermé dans une magnifique châsse d'argent, fermée sur le devant par un cristal de roche qui permet de le voir dans toute sa longueur. Il est couché et revêtu d'ornements pontificaux ; il s'est conservé sans aucune corruption. Ceux qui ont vu des portraits fidèles du saint reconnaissent sans peine son visage, tant il est peu changé. Nous en avons fait nous-même l'expérience, ayant eu le loisir de le considérer. Le trésor de la cathédrale de Milan possède une statue d'argent de saint Charles ; elle est de grandeur naturelle. Ce trésor est du petit nombre de ceux d'Italie que la révolution a respectés. »

O illustre cardinal, ô saint évêque Borromée, vous savez avec quel bonheur j'ai écrit ces trop courtes pages destinées à vous faire connaître, bénir et invoquer. Vous savez que si mon travail avait répondu à mes désirs, ce volume, tout sommaire qu'il est, serait parfait. Qu'elle est belle votre vie! qu'elles sont grandes vos œuvres! qu'éminente est votre sainteté! Eh! peut-être n'en ai-je pas même tracé une pâle et insignifiante esquisse! A bien plus juste titre que votre collaborateur et disciple fidèle, que votre pieux biographe Giussano, je dois donc m'écrier, les yeux levés vers vous :

« Pardonnez mon ignorance et ma froideur... j'ai voulu peindre un tableau magnifique et je n'en offre qu'un dessin grossier. C'est ce qui m'oblige à vous prier de ne point considérer toutes les fautes que j'y ai faites, mais mon intention de laisser à la postérité un monument des tratravaux inconcevables que vous avez entrepris pour la gloire de Dieu, la réforme de votre diocèse et le bien universel de l'Eglise. Je vous conjure d'obtenir de notre Seigneur que je puisse pendant ce peu de jours qui me restent, accomplir à la lettre ce que vos actions et vos paroles m'ont enseigné, afin de goûter au ciel un peu de votre félicité. »

FIN.

TABLE.

I. — Naissance. — Famille. — Vocation. — Fortune. — Premières études et premières épreuves de saint Charles. — 5

II. — Election de Pie IV. — Promotion de saint Charles aux dignités de l'Eglise. — Son humilité. — Nuits Vaticanes. — Inquiétudes de conscience d'un saint. — 14

III. — Le concile de Trente. — Rôle de saint Charles dans la promulgation et la mise à exécution des décrets conciliaires. — 23

IV. — Le diocèse de Milan. — Réception de saint Charles. — Ses premières réformes. — Ses institutions, ses travaux, ses visites pastorales. — 35

V. — L'ordre des *humiliés*. — Attentat contre la vie de Charles. — La véritable réforme. — 44

VI. — La disette dans le Milanais. — Charité et piété de Charles. — Bataille de Lépante. — Le jubilé. — Les quarante heures. — Mort de saint Pie V. — Colléges de Bréra, de Sainte-Marie, etc. — L'éducation. — 54

VII. — La peste de Milan. 64

VIII. — Nouvelles fondations et œuvres de Charles. 76

IX. — Vertus de Charles. 85

X. — Charles préside son onzième synode diocésain. — Ses derniers travaux. — Sa maladie. — Sa mort. — Son culte. 96

FIN DE LA TABLE.

Limoges. — Imp. Eugène ARDANT et Cⁱᵉ.

www.ingramcontent.com/pod-product-compliance
Lightning Source LLC
Chambersburg PA
CBHW070242100426
42743CB00011B/2103